OPERAÇÃO HASHTAG

OPERAÇÃO HASHTAG

A PRIMEIRA CONDENAÇÃO DE TERRORISTAS ISLÂMICOS NA AMÉRICA LATINA

JOSÉ FERNANDO M. CHUY

novo século®

SÃO PAULO, 2018

Operação Hashtag: A primeira condenação de
terroristas islâmicos na América Latina
Copyright © 2018 by José Fernando Moraes Chuy
Copyright © 2018 by Novo Século Editora Ltda.

COORDENAÇÃO EDITORIAL: Rebeca Lacerda
PREPARAÇÃO: Isabela Leite
REVISÃO: Fernanda Guerriero Antunes
CAPA: Douglas Oliveira
DIAGRAMAÇÃO: Manoela Dourado

EDITORIAL
Jacob Paes • João Paulo Putini • Nair Ferraz
Rebeca Lacerda • Renata de Mello do Vale • Vitor Donofrio

AQUISIÇÕES
Cleber Vasconcelos

Texto de acordo com as normas do Novo Acordo Ortográfico da Língua Portuguesa (1990), em vigor desde 1º de janeiro de 2009.

Dados Internacionais de Catalogação na Publicação (CIP)
(Câmara Brasileira do Livro, SP, Brasil)

Chuy, José Fernando M.
  Operação Hashtag : a primeira condenação de terroristas islâmicos na América Latina / José Fernando M. Chuy. -- Barueri, SP : Novo Século Editora, 2018.

  Bibliografia

  1. Terrorismo - Investigação 2. Terrorismo - América Latina - Legislação 3. IS (Organização) 4. Brasil. [Lei n. 13.260, de 16 de março de 2016] 5. Fundamentalismo islâmico I. Título

18-0632   CDD 344.05325

Índice para catálogo sistemático:
1. Terrorismo - América Latina - Legislação   344.05325

NOVO SÉCULO EDITORA LTDA.
Alameda Araguaia, 2190 – Bloco A – 11º andar – Conjunto 1111
CEP 06455-000 – Alphaville Industrial, Barueri – SP – Brasil
Tel.: (11) 3699-7107 | Fax: (11) 3699-7323
www.novoseculo.com.br | atendimento@novoseculo.com.br

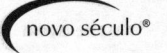

AGRADECIMENTOS

Minha profunda gratidão ao Professor Doutor Hermínio Joaquim de Matos, exemplo humano, acadêmico e profissional, orientador que, com sua sabedoria e vasto conhecimento sobre o tema, iluminou meu pensamento, me encorajou e foi decisivo para o rumo da investigação e para a conclusão deste estudo.

À pessoa do Professor Doutor Manuel Monteiro Guedes Valente, meu profundo respeito. Minha gratidão aos amigos, funcionários e professores do Instituto Superior de Ciências Policiais e Segurança Interna (ISCPSI), pela acolhida e pela transmissão do saber.

Aos meus companheiros de mestrado pela parceria e pelo apoio na conclusão deste importante curso, de maneira especial aos colegas Michael de Assis Fagundes e Stenio Santos Sousa pelo incentivo na reta final.

A todos que receberam nossa turma em além-mar, proporcionando-nos uma experiência ímpar e inesquecível em um país fantástico.

Aos bravos e competentes colegas da Polícia Federal, exemplo de comprometimento no dever de ser federal. À pessoa do Escrivão de Polícia Federal Alcides Souza Macedo e aos Delegados de Polícia Federal e amigos Guilherme Torres, Dennis Calli, Sandro Caron, Elton Roberto Manzke, Umberto Rodrigues, meu mais profundo orgulho e reconhecimento pelo trabalho à frente da Divisão Antiterrorismo e da Diretoria de Inteligência

Policial, e meu obrigado pelas contribuições, sugestões e apoio ao longo da pesquisa.

Ao Juiz Federal Marcos Josegrei da Silva, meu grande respeito, admiração e gratidão pela atuação e pela atenção dispensada.

À minha família pelo amor constante e incondicional. Aos meus irmãos pelo companheirismo infinito. Aos meus pais pela criação e afeto. Aos meus avós – no Céu e na Terra – pela adorável presença cativante que forjou meu caráter. Aos meus tios e tias pelos exemplos e apoio. À minha esposa por me amar, compreender e completar. E à minha filha pela "alegria" incondicional e sincera. Sem esse aparato familiar, nada valeria a pena.

Ave Maria[1]

Ave Maria
Where is the justice in this world?
The wicked make so much noise, mother
The righteous stay oddly still
With no wisdom, all of the riches in the world leave us poor tonight
Ave Maria
Gratia plena
Maria, gratia plena
Maria, gratia plena
Ave, ave dominus tecum

And strength is not without humility
Its weakness, an untreatable disease
And war is always the choice
Of the chosen who will not have to fight

Ave Maria[2]

---

1 De autoria de Charles Gounod, a música *Ave Maria* é uma verdadeira obra de arte. A letra, adaptada por Bono Vox, da banda U2, é perfeita para descrever os dias atuais. O *remix* da música faz parte do segundo *single* do álbum *Sometimes You Can't Make It On Your Own*, do U2, lançado em 2005.

2 Ave Maria | Onde está a justiça desse mundo? | Os maus fazem muito barulho, mãe | Os justos ficam estranhamente quietos | Sem sabedoria, todas as riquezas do mundo nos deixam pobres à noite | Ave Maria | Cheia de Graça | Maria, Cheia de Graça | Maria, Cheia de Graça | Ave, Ave o Senhor é convosco | E a força não existe sem humildade | Sua fraqueza, uma intratável doença | E a guerra é sempre a escolha | Daqueles que não têm que lutar | Ave Maria (tradução nossa).

PREFÁCIO

Embora a Constituição Federal tenha consagrado o repúdio ao terrorismo como um dos princípios fundamentais nas relações internacionais do país (art. 4º, VIII) e conferido tratamento substancialmente mais gravoso às condutas que traduzam a sua prática (art. 5º, XLIII), o Brasil ainda teve de esperar por quase dezoito anos pelo surgimento de uma lei que expressamente tornasse essas ações criminosas.

Nesse período, o mundo acompanhou de perto uma quantidade significativa de atos praticados por indivíduos associados a organizações ou por pessoas isoladamente. Motivados pela intolerância e pela incapacidade de conviver com as suas próprias frutrações, deixaram um rastro de violência acima de qualquer limite.

Em quase duas décadas mudaram as motivações, as formas de recrutamento e os meios de execução. Permanece, porém, o mesmo traço comum a toda ação terrorista: o desejo de subjugar um Estado, um Governo ou um grupo de pessoas distintas do padrão que o agressor entende como superior ou dominante. Suas características são a crueldade, o desprezo à vida e a aleatoriedade. O terrorismo segue desafiando a lógica da racionalidade e impondo o aperfeiçoamento das instituições encarregadas de combatê-lo. Integra a categoria restrita dos supercrimes. A finalidade principal dos órgãos responsáveis pela aplicação da legislação penal sobre o assunto em qualquer parte do mundo é a de prevenir a sua ocorrência, por isso a técnica da criminalização dos seus atos preparatórios, por meio de tipos de perigo abstrato, é absolutamente justificada.

A América Latina e o Brasil em particular – ao contrário do senso comum – não estão a salvo do flagelo do terror. A disseminação das informações e a superprodução da propaganda terrorista na era das redes sociais e da velocidade da Internet atingem qualquer um em qualquer local a qualquer hora, e exigem a rápida e eficaz atuação dos órgãos de inteligência. Não há território que não possa ser alvo da ação de grupos terroristas, por intermédio de operativos remotamente acionados.

É nesse cenário complexo que este livro apresenta uma análise profunda, inédita e necessária sobre o fenômeno do terrorismo na atualidade e o seu enfrentamento no contexto da América Latina. O pano de fundo é a chamada Operação Hashtag, uma apuração que foi capaz de demonstrar, a um só tempo, a importância da cooperação entre os organismos policiais, de inteligência e provedores de conteúdo virtual, bem como a excelência da prova obtida pelo Departamento de Polícia Federal.

As qualidades da obra, porém, ultrapassam em muito o exame dos meandros desse trabalho policial.

Trata-se de fruto de intensa pesquisa do autor, destacado profissional de inteligência, ancorada em bibliografia ímpar acrescida de análise cuidadosa das apurações realizadas no âmbito da Polícia Federal envolvendo atos terroristas.

O resultado é um livro que alia com maestria fundamento teórico sólido com o cotidiano da atividade investigativa. Tudo conectado por um texto cuja característica marcante é a fluidez e o conhecimento pessoal do autor sobre as técnicas especiais de investigação aplicadas a uma prática delitiva de tamanha gravidade e que ameaça tão fortemente a manutenção da paz social.

A obra é leitura obrigatória para uma compreensão precisa sobre os contornos do terrorismo na atualidade, a amplitude da legislação nacional em vigor e os desafios que nortearam a investigação mais relevante e exitosa envolvendo o tema na América Latina até o momento. Uma publicação que reflete sobre a história, evidencia o estado do tema na atualidade e aponta criticamente para o futuro.

Marcos Josegrei da Silva,
Juiz Federal, titular da 14ª Vara Federal de Curitiba
e responsável pela sentença exarada na Operação Hashtag.
Abril de 2018.

APRESENTAÇÃO

A presente obra, *Operação Hashtag*, de autoria do eminente Delegado da Polícia Federal José Fernando Chuy, apresenta importante discussão sobre as hipóteses legais e a aplicação concreta da legislação antiterrorista no Brasil.

O autor analisa o terrorismo contemporâneo e a disseminação de ações e ideologias extremistas e de violenta radicalização, inclusive por meio de publicações em redes sociais.

A partir da análise da evolução da legislação antiterrorista, bem como do papel do moderno direito penal frente ao terrorismo, o autor faz importante descrição da evolução da Polícia Federal.

Em um capítulo autônomo, a obra analisa o terrorismo, o Estado democrático e a necessidade de obediência e respeito aos princípios constitucionais.

A restrição às liberdades individuais, como regra, não deve ser admitida ou tolerada, mas, sim, combatida por todos aqueles que acreditam na Democracia. A história, porém, exigiu a adaptação e aplicação de normas constitucionais para situações emergenciais, bem como a inserção de normas nas mais modernas constituições (Brasil, Argentina, Itália, França, Portugal, Espanha), com a previsão de instrumentos excepcionais, que permitem essa restrição em casos extremos, como guerras externas ou civis, grave desordem interna (terrorismo, por exemplo), desde que a legislação ordinária se mostre insuficiente para assegurar a normalidade institucional e, ainda, que as medidas de exceção sejam razoáveis e limitem-se ao local e fatos necessários para a resolução dos conflitos, e tenham por finalidade afastar a ameaça concreta e grave à ordem democrática e ao Estado de Direito.

Essa adaptação consistiu em importante garantia da manutenção do equilíbrio das Instituições e da permanência da Democracia, pois, mesmo em momentos de grande anormalidade, substituiu a antiga concentração de poder em uma única pessoa (*ditaduras constitucionais romanas*), que poderia exercê-lo sem fiscalização ou responsabilidade, pela necessidade da aprovação dessas medidas excepcionais pelo corpo legislativo eleito pelo povo (*manutenção da Democracia*) e sob fiscalização do Poder Judiciário (*manutenção do Estado de Direito*), pois, como salientado por Cícero, "é preferível um remédio que cure as partes defeituosas da democracia do que um que a ampute".

A *stewardship theory*, de Theodore Roosevelt, que permitia o exercício de poderes presidenciais excepcionais em caso de graves crises, desde que não houvesse expressa vedação constitucional ou legal, ou seja, sem controle do Congresso Nacional ou do Poder Judiciário, foi sendo paulatinamente afastada, como verificamos na Guerra Civil (1861-1865), quando a Corte Suprema negou ao Presidente o poder de limitar a liberdade das pessoas sem que houvesse lei expressa permitindo (*ex parte Merriman*, 1861), ou ainda, quando a Corte invalidou a assunção do controle de indústria de aço por Truman (Guerra da Coréia), sob a alegação de segurança nacional (*Youngstown Sheet and Tube Co. v. Sawyer*, 1952). Ou seja, mesmo a edição de medidas excepcionais para o combate às mais graves situações de anormalidade institucional devem respeito às normas democráticas (consulta ao Legislativo) e ao Estado de Direito (respeito à Constituição e acesso ao Judiciário), buscando a preservação dos Direitos Fundamentais, postos em perigo, por atitudes cruéis e inesperadas, perpetradas por covardes atos de terrorismo.

A simples existência de ato normativo, porém, não se afigura suficiente para legitimar a intervenção no âmbito das liberdades individuais, fazendo-se mister, ainda, que as restrições sejam proporcionais e razoáveis, isto é, que sejam adequadas e justificadas pela absoluta necessidade do interesse social. Esse é o posicionamento da ONU (art. 29), ao declarar que nenhuma liberdade individual prevista em sua Declaração poderá ser interpretada no sentido de conferir a Estado, grupos ou pessoa a possibilidade de empreender atividades tendentes ao desrespeito ou supressão dos direitos fundamentais da coletividade, como ocorre nos insanos atos terroristas. Ou ainda, a previsão do Pacto de San José (art. 27), que admite a possibilidade de suspensão de garantias individuais em caso de guerra, de perigo público, ou de outra emergência que ameace a independência ou segurança do próprio Estado.

A restrição é ato anormal, que demonstra a situação crítica em que se encontra a sociedade e a necessidade de meios incomuns, porém institucionais, para o retorno à normalidade, sendo circunscrita aos princípios da necessidade e da temporariedade. Mas restrição não significa extinção, não é eliminação, não é abuso ou arbitrariedade, sendo absolutamente vedada a supressão de todos os direitos individuais, sob pena de total tirania ou anarquia, pois não há como suprimir-se, em hipótese alguma, o direito à vida, à dignidade da pessoa humana, à liberdade de consciência e religião, à honra, ao acesso ao Judiciário, entre outros, pois, na lição de Rui Barbosa, esse regime é extraordinário, porém não arbitrário, é de exceção, "mas de exceção circunscrita pelo direito constitucional, submetida à vigilância das autoridades constitucionais".

O autor faz importante ponderação em relação ao princípio da taxatividade e da proibição de proteção deficiente.

A restrição excepcional de liberdades individuais exige indiscutível gravidade das situações emergenciais de crise e respeito à Constituição Federal, como no caso em questão, consistente no necessário e concreto combate à prática de brutais atos de terrorismo.

Alexandre de Moraes
é Ministro do Supremo Tribunal Federal. Professor Doutor e Livre-docente da USP e do Mackenzie.

LISTA DE ABREVIATURA E SIGLAS

§	Parágrafo
ART.	Artigo
CF	Constituição Federal
CP	Código Penal
DAT	Divisão Antiterrorismo da Polícia Federal do Brasil
DIP	Diretoria de Inteligência da Polícia Federal do Brasil
DOU	Diário Oficial da União
DPU	Defensoria Pública da União
EI	Estado Islâmico
ISCPSI	Instituto Superior de Ciências Policiais e Segurança Interna
ISIL	Estado Islâmico no Iraque e no Levante
ISIS	Estado Islâmico do Iraque e al-Sham
LSN	Lei de Segurança Nacional
MJSP	Ministério da Justiça e Segurança Pública
MPF	Ministério Público Federal
OEA	Organização dos Estados Americanos
ONU	Organização das Nações Unidas
PF	Polícia Federal
STF	Supremo Tribunal Federal
UE	União Europeia

SUMÁRIO

INTRODUÇÃO 21

1. **EVOLUÇÃO DA LEGISLAÇÃO BRASILEIRA NO TOCANTE AO TERRORISMO – ORIENTAÇÕES DA CONSTITUIÇÃO FEDERAL DE 1988 ...... 25**
   1.1 A Lei 7.170/1983 – Lei de Segurança Nacional x democracia, constitucionalidade e direitos e garantias fundamentais 29
   1.2 A Lei 12.850/2013 – A Lei de Organizações Criminosas e as inovações processuais frente ao Terrorismo 33
   1.3 A Lei 13.260/2016 – A Lei de Enfrentamento ao Terrorismo brasileira 37

2. **A POLÍCIA FEDERAL DO BRASIL 43**
   2.1 A moderna Polícia Federal e o enfrentamento do Terrorismo 47
   2.2 Operação Hashtag – A maior ação contraterrorista do Brasil 52
   2.3 Operação Hashtag – Manifestações da autoridade policial presidente da investigação, da defesa, do Ministério Público Federal e a primeira sentença proferida na América Latina para punir o terrorismo islâmico 58

3. **O DIREITO PENAL E O FENÔMENO TERRORISTA CONTEMPORÂNEO 67**
   3.1 O "novo terrorismo" e a "velha" dificuldade em conceituar o fenômeno 71
   3.2 A disseminação de ações e ideologias extremistas e de radicalização violenta por meio da Internet e das redes sociais – O novo terrorismo, a quinta onda terrorista e o cibercalifado 82

4. **O TERRORISMO, O ESTADO DEMOCRÁTICO E A NECESSIDADE DE OBEDIÊNCIA E RESPEITO A PRINCÍPIOS 105**
   4.1 Princípio da taxatividade 111
   4.2 Princípio da proibição de proteção deficiente 119

5. **A INTERNET, AS REDES SOCIAIS E A PROMOÇÃO DE ORGANIZAÇÕES TERRORISTAS – REALIDADE LEGISLATIVA INTERNACIONAL 127**
   5.1 A Internet, as redes sociais e a promoção de organizações terroristas – Realidade legislativa do Brasil 142

CONCLUSÕES: A DISSEMINAÇÃO DE AÇÕES E DE IDEOLOGIAS EXTREMISTAS E DE RADICALIZAÇÃO VIOLENTA POR MEIO DA INTERNET E DAS REDES SOCIAIS COMO EXEMPLO DE PROMOÇÃO DE ORGANIZAÇÃO TERRORISTA 151

REFERÊNCIAS 163

Citações de artigos e leis em outros idiomas não foram traduzidas devido a serem documentos oficiais.

INTRODUÇÃO

Fenômeno antigo, mas lamentavelmente cada vez mais atual, o terrorismo vem ocupando as mentes dos governantes, legisladores e das forças policiais no globalizado mundo contemporâneo. Seu enfrentamento, tanto no aspecto preventivo como repressivo, tem se apresentado complexo e desafiador para as nações.

Sob o recente "novo prisma legislativo brasileiro" a obra parte do tipo penal previsto no artigo 3º da Lei 13.260/2016 (Lei de Enfrentamento ao Terrorismo). Buscar-se-á apresentar e discutir a tipificação de condutas, objeto da Operação Hashtag, recentemente deflagrada pela Polícia Federal do Brasil, e ainda a condenação de primeiro grau exarada pela Justiça Federal na referida investigação, relacionando tais situações ao forte debate jurídico ocorrido na seara brasileira e internacional.

Na referida operação policial entendu-se que alguns investigados, de forma livre e consciente da ilicitude de suas condutas, "promoveram" a organização terrorista "Estado Islâmico do Iraque e da Síria"[3] ou "Estado Islâmico do Iraque e do

---

3 "Na sua mais recente autodenominação, é conhecido como o Estado Islâmico, mas também é frequentemente referido como Estado Islâmico no Iraque e no Levante (ISIL), Estado Islâmico do Iraque e al-Sham (ISIS), ou Daesh, um termo derrogatório retirado do seu acrônimo arábico." STERN, Jessica; BERGER, J.M. *Estado Islâmico, Estado de Terror*. Rio Tinto: Vogais, 2015, p. 31.

Levante"[4] por meio de publicações em redes sociais, troca de materiais e diálogos em grupos de aplicativos, ademais da explícita demonstração de devoção à organização terrorista, demonstrando, inclusive, intenção de ação terrorista no decorrer dos Jogos Olímpicos Rio 2016.

Segundo a autoridade policial que presidia a investigação, foi concluído que a atuação da organização teria ocorrido pela Internet, mais especificamente por meio de publicações em perfis da rede social Facebook e do aplicativo Telegram, e através de diálogos em conversas privadas e em grupos fechados, ocorrendo ainda envios e trocas de materiais de cunho extremista por meio das referidas redes. Dentro desse contexto, a discussão travada no âmbito jurídico e acadêmico girou em torno da postagem de vídeos, fotos, mensagens, livros e demais materiais alusivos aos grupos terroristas e em exaltação a estes em redes sociais. Tal prática deveria ser caracterizada como "promoção da organização terrorista", ou seria necessária a execução de atos concretos que ultrapassassem o plano teórico?

Pois o presente livro trata deste importante e delicado tema relacionado ao terrorismo contemporâneo (ou novo terrorismo), qual seja a disseminação de ações e de ideologias extremistas e de radicalização violenta por meio da Internet e das redes sociais. Assim, partindo de inovação no campo jurídico brasileiro, através da edição da novel lei de enfrentamento ao terrorismo (Lei 13.260/2016) e de recente investigação operacionalizada pela Polícia Federal do Brasil, apresentar-se-á uma pesquisa aprofundada acerca desta forma de atuação do terroriso

---

4 Importante destacar que, ao longo desta pesquisa e do cruzamento das informações aqui obtidas, optaremos pela utilização do termo "Estado Islâmico", a despeito das inúmeras vezes em que foi renomeado e rebatizado. Evidentemente que, nos casos em que houver citação direta, manteremos os termos usados pelos autores.

transnacional, aproximando tal fenômeno da legislação, doutrina e jurisprudência de âmbito nacional e internacional.

Entendemos necessária uma aproximação do tipo penal objeto da discussão ao princípio da taxatividade ou da determinação taxativa e ao princípio da proibição de proteção deficiente. Sob o escopo desses importantes e fundamentais princípios, buscar-se-á avaliar a ação deflagrada e a legislação brasileira em relação a eventual restrição de direitos fundamentais.

Nesse contexto se desenvolve a presente pesquisa, tendo em seu primeiro capítulo uma apresentação da evolução legislativa brasileira, no tocante à temática terrorista, até o advento da novel Lei 13.260/2016.

No capítulo seguinte é situada a evolução recente da Polícia Federal do Brasil até a criação e o desenvolvimento da Divisão Antiterrorismo, seguindo-se o detalhamento da execução da Operação Hashtag e das conclusões apresentadas.

No terceiro capítulo é apresentada a dificuldade de conceituação do terrorismo, sendo descrita a evolução moderna do fenômeno através da disseminação de ações e de ideologias extremistas e de radicalização violenta por meio da Internet e das redes sociais (fenômeno chamado por doutrinadores de "novo terrorismo", "quinta onda terrorista" e também de "cibercalifado") e a sua abordagem no direito penal contemporâneo.

No quarto capítulo é aresentada a abordagem dos princípios da taxatividade ou da determinação taxativa e da proibição da proteção deficiente, e a aproximação destes ao assunto objeto da discussão.

Por derradeiro, partindo de parâmetros estabelecidos por organismos internacionais, realiza-se um estudo comparado bastante específico e interessante entre Brasil, Espanha, França e Portugal, sobre a promoção de organizações terroristas e a sua responsabilização.

Ao longo do trabalho foram pesquisados e apresentados conhecimentos de autores nacionais e internacionais buscando assim uma melhor abordagem de tema tão discutível e ainda contemporâneo.

Merece destaque que a "velha" dificuldade de conceituar o fenômeno terrorista, em contraposição ao "novo terrorismo", exigiu que a pesquisa abrangesse autores de obras consagradas na seara jurídica e acadêmica, mas também que fossem consultadas obras recentíssimas, constantes em publicações bastante contemporâneas.

É nesse diapasão que se encontra a proposta da presente investigação, que parte da aplicação da metodologia dedutiva, inicialmente exploratória, dos conceitos e dimensões disponíveis, mediante procedimento descritivo, visando identificar o "tema central" da temática, objeto do presente projeto. Também é aplicada metodologia dialética para a análise da evolução da temática na linha do tempo e para identificação das modificações decorrentes da novel lei brasileira, visando elaborar uma base conceitual. O tema proposto é bastante atual e controverso no cenário internacional, contribuindo, pois, sua análise, para um melhor posicionamento sobre a matéria.

1. Evolução da legislação brasileira no tocante ao Terrorismo – Orientações da Constituição Federal de 1988

[...] Democracia é a vontade da lei, que é plural e igual para todos, e não a do príncipe, que é unipessoal e desigual para os favorecimentos e os privilégios. Se a democracia é o governo da lei, não só ao elaborá-la, mas também para cumpri-la, são governo o Executivo e o Legislativo [...][5].

Não sendo um país envolvido com habitualidade em debates sobre terrorismo ou contraterrorismo, o cenário brasileiro é um interessante e pouco explorado campo de pesquisa do fenômeno, havendo esparsa literatura nacional sobre o tema, relacionada a movimentos de guerrilha de ideologia de esquerda durante o período de 1960 a 1970[6].

---

5 Discurso proferido por Ulysses Guimarães na sessão de 5 de outubro de 1988 que promulgou a Constituição Federal de 1988. Disponível em: <http://www2.camara.leg.br/atividade-legislativa/plenario/discursos/escrevendohistoria/25-anos-da-constituicao-de-1988/constituinte-1987-1988/pdf/Ulysses%20Guimaraes%20-%20DISCURSO%20%20REVISADO.pdf>. Acesso em: 04 set. 2017.

6 LASMAR, Jorge Mascarenhas. "A legislação brasileira de combate e prevenção do terrorismo quatorze anos após 11 de Setembro: limites, falhas e reflexões para o futuro." *Revista de Sociologia e Política*, v. 23, n. 53, mar. 2015, p. 47-70. Disponível em: <http://revistas.ufpr.br/rsp/article/view/40236>. Acesso em: 17 set. 2017.

A Constituição Federal de 1988[7] expressamente destaca o repúdio ao terrorismo como um dos princípios constitucionais fundamentais nas relações internacionais da República (artigo 4º, VIII)[8]. A criminalização de condutas relacionadas ao terrorismo decorre de expresso imperativo constitucional[9].

Interessante o alerta de Gonçalves e de Reis no que tange à posição brasileira diante de atos de terror:

> Além de base e palco de ações terroristas, o país mostra-se como alvo em potencial do terror. Afinal, as possibilidades são múltiplas nesta terra multiétnica de 200 milhões de seres humanos, 16 mil quilômetros de fronteiras e 8 mil de costa, e vizinha de 10 países, cada qual com suas peculiaridades. Some-se a isso as oportunidades relacionadas a grandes eventos, a politização de setores do crime organizado, a projeção internacional no setor político-econômico, e a negação e inação por parte do Estado, tudo contribuindo para despertar a atenção de organizações terroristas para as facilidades em se obter propaganda para suas demandas com um país que não se prepara e não tem intenção de se preparar para combater essa forma de violência[10].

---

7 BRASIL. Diário Oficial da União. *Constituição da República Federativa do Brasil de 1988*. Brasília, DF: Senado, 1988. Disponível em: <http://www.planalto.gov.br/ccivil_03/constituicao/constituicao.htm>. Acesso em: 22 de jul. 2017.

8 Art. 4º A República Federativa do Brasil rege-se nas suas relações internacionais pelos seguintes princípios:
[...] VIII – repúdio ao terrorismo e ao racismo; [...]

9 Art. 5º Todos são iguais perante a lei, sem distinção de qualquer natureza, garantindo-se aos brasileiros e aos estrangeiros residentes no País a inviolabilidade do direito à vida, à liberdade, à igualdade, à segurança e à propriedade, nos termos seguintes: [...] XLIII – a lei considerará crimes inafiançáveis e insuscetíveis de graça ou anistia a prática da tortura, o tráfico ilícito de entorpecentes e drogas afins, o terrorismo e os definidos como crimes hediondos, por eles respondendo os mandantes, os executores e os que, podendo evitá-los, se omitirem; [...]

10 GONÇALVES, Joanisval Brito; REIS, Marcus Vinícius. *Terrorismo: Conhecimento e Combate*. Niterói: Impetus, 2017, p. 1.

Recentemente servindo de palco para grandes eventos internacionais, em especial a Copa do Mundo de 2014 e as Olimpíadas de 2016, o Brasil acabou por, inevitavelmente, entrar "no radar" de vulnerabilidade diante de possíveis ações de grupos extremistas. Nesse aspecto, a história nos deixa o pesado legado da Olimpíada de Munique (1972), marcada pela ação terrorista de oito membros da organização palestina Setembro Negro, facção radical da Organização para a Libertação da Palestina (OLP), que sequestraram e mataram onze atletas israelenses[11].

O governo brasileiro se viu obrigado a adotar medidas preventivas em diversas áreas. De forma imprudente, o país recepcionou a Copa do Mundo de Futebol de 2014 sem uma legislação que tratasse claramente da temática terrorista. Dois anos depois, quase às vésperas dos Jogos Olímpicos, finalmente entrou em vigor a Lei 13.260 de 2016[12].

Interessante observar que a novel legislação foi resultado de lenta (e tardia) evolução legislativa, que merece ser analisada nesta pesquisa. Nesse escopo, conforme precisamente referido por Morais, a ausência de descrição legal do terrorismo até 2016 contribuiu para que práticas desse tipo fossem anotadas como outras espécies delitivas, ressaltando o autor que, desde o término do processo de abertura política (1985) até os dias atuais,

---

11 A ação, "de certa forma, inaugurou o marketing do terrorismo internacional", servindo para dar publicidade à causa palestina, "pois milhões de pessoas acompanharam o desenrolar dos acontecimentos pela televisão". WOLOSZYN, André Luís. *Terrorismo global: aspectos gerais e criminais*. Porto Alegre: EST Edições, 2009, p. 21 e 22.

12 BRASIL. Diário Oficial da União. *Lei nº 13.260, de 16 de março de 2016.* Regulamenta o disposto no inciso XLIII do art. 5º da Constituição Federal, disciplinando o terrorismo, tratando de disposições investigatórias e processuais e reformulando o conceito de organização terrorista; e altera as Leis n°s 7.960, de 21 de dezembro de 1989, e 12.850, de 2 de agosto de 2013. Brasília, DF, 2016. Disponível em: <http://www.planalto.gov.br/ccivil_03/_ato2015-2018/2016/lei/l13260.htm>. Acesso em: 30 de jul. 2017.

ocorreram muitos incidentes com clara carga e conotação terrorista, destacando o sequestro do Boeing 737-300[13] (voo VP-375 da Vasp) em 29 de setembro de 1988[14].

Importante observar que a Carta Magna apresenta como princípio basilar o repúdio a todas as formas de terrorismo bem como a "prevalência dos direitos humanos", sendo ainda referido em nossa lei maior que os crimes envolvendo terrorismo são inafiançáveis e insuscetíveis de graça ou anistia. Salta aos olhos que direitos fundamentais referidos na Constituição Federal de 1988 foram objeto de flagrante e prolongada omissão do Estado ao não positivar uma lei que tipificasse modernamente o fenômeno terrorista.

Registre-se que em 1990 a Lei 8.072[15] equiparou o terrorismo a crime hediondo, submetendo a prática de terrorismo a tratamento mais gravoso dispensado aos crimes hediondos[16].

---

13 MORAIS, Márcio Santiago de. "Aspectos do combate ao terrorismo: prevenção e repressão legal no exterior e no Brasil." *Revista Direito Militar*, Florianópolis, v. 6, n. 34, mar./abr. 2002, p. 7-11.

14 "Mais de uma década antes de terroristas da Al-Qaeda usarem aviões como mísseis contra as torres gêmeas do World Trade Center, nos Estados Unidos, um brasileiro armado tomou um voo da Vasp com o objetivo de atingir o Palácio do Planalto, em Brasília. Desempregado, o maranhense Raimundo Nonato Alves da Conceição, de 28 anos, culpava o governo por sua situação e queria atingir o centro do poder político do país." STOCHERO, Tahiane. *Sequestrador tentou jogar avião no Planalto 13 anos antes do 11/9*. Globo.com, 06/09/2011. Disponível em: <http://g1.globo.com/11-de-setembro/noticia/2011/09/sequestrador--tentou-jogar-aviao-no-planalto-13-anos-antes-do-119.html>. Acesso em: 02 out. 2017.

15 BRASIL. Diário Oficial da União. *Lei nº 8.072 de 25 de julho de 1990*. Dispõe sobre os crimes hediondos, nos termos do art. 5º, inciso XLIII, da Constituição Federal, e determina outras providências. Brasília, DF, 1990. Disponível em: <http://www.planalto.gov.br/ccivil_03/leis/L8072.htm>. Acesso em: 22 jul. 2015.

16 Art. 2º Os crimes hediondos, a prática da tortura, o tráfico ilícito de entorpecentes e drogas afins e o terrorismo são insuscetíveis de: I – anistia, graça e indulto; [...] Art. 8º Será de três a seis anos de reclusão a pena prevista no art.

Imperioso destacar a assinatura pelo Brasil da Convenção Interamericana Contra o Terrorismo (32ª Assembleia Geral da OEA – 03/06/2002 – Barbados), tendo a referida convenção sido integrada ao ordenamento nacional por meio do Decreto nº 5.639, de 26 de dezembro de 2005[17].

Embora participando do Comitê Interamericano contra o Terrorismo, tendo aderido a inúmeros acordos internacionais da Organização das Nações Unidas, o país indiscutivelmente carece de políticas mais eficientes relativas ao tema, apesar de a Constituição Federal de 1988 tratar a temática terrorista em meio às cláusulas pétreas.

1.1 A Lei 7.170/1983 – Lei de Segurança Nacional x democracia, constitucionalidade e direitos e garantias fundamentais

Pode-se dizer que até o ano de 2016 o sistema jurídico-penal do Direito brasileiro não previa as figuras típicas e rotuladas do terrorismo[18]. A Lei nº 7.170/1983[19], chamada de Lei de Se-

---

288 do Código Penal, quando se tratar de crimes hediondos, prática da tortura, tráfico ilícito de entorpecentes e drogas afins ou terrorismo.

17 BRASIL. Diário Oficial da União. *Decreto nº 5.639 de 26 de dezembro de 2005*. Promulga a Convenção Interamericana contra o Terrorismo, assinada em Barbados, em 3 de junho de 2002. Disponível em: <http://www.planalto.gov.br/ccivil_03/_ato2004-2006/2005/decreto/d5639.htm>. Acesso em: 13 set. 2017.

18 CERQUEIRA, Antonio Alberto do Vale; ANTUNES, Priscilla de Almeida. *Mecanismos de defesa da ordem democrática e terrorismo internacional*. Disponível em: <http://www.unieuro.edu.br/downloads_2005/consilium_02_04.pdf>. Acesso em: 15 abr. 2013.

19 BRASIL. Diário Oficial da União. *Lei nº 7.170, de 14 de dezembro de 1983*. Define os crimes contra a segurança nacional, a ordem política e social, estabelece

gurança Nacional, estabelecia, sem nenhuma clareza objetiva, ser considerada infração penal simplesmente "cometer atos de terrorismo", por inconformismo político ou para obtenção de fundos destinados à manutenção de organizações políticas clandestinas ou subversivas[20].

Na mesma lei eram tipificados como crime: tentativa de desmembrar parte do território nacional para constituir um país independente (artigo 11); sabotagem contra instalações militares (art. 15); integrar grupamento que objetive alteração no Estado Democrático por meio de violência (art. 16); impedir, com emprego de violência, o exercício de qualquer dos Poderes da União ou dos estados (art. 18); incitação à subversão da ordem política ou social (art. 23); constituir, integrar ou manter organização ilegal de tipo militar, de natureza armada ou não, com finalidade combativa (art. 24).

Cabe ser destacado que a Lei de Segurança Nacional foi promulgada em 1983, período em que o Brasil, assim como inúmeros outros países da América Latina, vivia sob um regime militar, apresentando em seu bojo as expressões "segurança nacional" e "ordem política e social", não fazendo a necessária distinção entre tais institutos. Surge aí, a nosso ver, o maior problema da legislação, que tentava proteger o Estado em seu aspecto externo e interno de forma lacônica e imprecisa. Essa "amplitude vaga" feria frontalmente o princípio da taxatividade, que será tratado em capítulo posterior.

---

seu processo e julgamento e dá outras providências. Brasília, DF, 1983. Disponível em: <http://www.planalto.gov.br/ccivil_03/leis/L7170.htm>. Acesso em: 22 jul. 2017.

20 Art. 20 Devastar, saquear, extorquir, roubar, sequestrar, manter em cárcere privado, incendiar, depredar, provocar explosão, praticar atentado pessoal ou atos de terrorismo, por inconformismo político ou para obtenção de fundos destinados à manutenção de organizações políticas clandestinas ou subversivas. Pena – reclusão, de 3 (três) a 10 (dez) anos.

Sobre essa temática, Monteiro[21] explica com propriedade que não havia uma definição legislativa do terrorismo no Brasil, já que o artigo 20 da Lei nº 7.170/1983 não apresenta um conceito preciso contendo "discutido *nomen iuris*" para a definição legal do tipo, "não sendo possível sua punição justamente pela ausência de tipo autônomo definido como crime". Em sentido contrário, Capez[22] admitia a possibilidade de punição dos atos de terrorismo sob o fundamento de que seria "impossível ao legislador antever todas as formas de cometimento de ações terroristas".

Fragoso assevera que a Lei de Segurança Nacional brasileira surgiu em um momento de forte crise institucional, sendo "expressão de um suposto direito penal revolucionário, inspirada por militares, que pretenderam incorporar na lei uma doutrina profundamente antidemocrática e totalitária". Por essa razão o autor destacava a existência de consciência nacional da necessidade de que fosse reelaborada a lei, dentro de um regime de liberdade, devidamente submetida às exigências fundamentais da defesa do Estado[23].

Segundo Guedes Valente,[24] o tratamento dispensado ao terrorismo no Brasil, por meio da Lei de Segurança Nacional, constituía exemplo clássico de direio penal do inimigo de Jakobs[25], mais especificamente na modalidade de direito

---

21 MONTEIRO, Antônio Lopes. *Crimes hediondos – Textos, comentários e aspectos polêmicos de acordo com a lei nº 9.269/96.* 4. ed. at. São Paulo: Saraiva, 1996, p. 94.

22 CAPEZ, Fernando. *Legislação penal especial.* 5. ed. v.1. São Paulo: Damásio de Jesus, 2006, p. 715.

23 FRAGOSO, Heleno Cláudio. "Para uma interpretação democrática da Lei de Segurança Nacional." *O Estado de São Paulo*, 21/04/1983, p. 34.

24 GUEDES VALENTE, Manuel Monteiro. *Direito Penal do Inimigo e o Terrorismo: O "Progresso ao Retrocesso".* São Paulo: Almedina, 2016, p. 77-80.

25 JAKOBS, Günther; MELIÁ, Manuel Cancio. *Direito Penal do inimigo: noções e críticas.* 6. ed., trad. de André Luís Callegari e Nereu José Giacomolli. Porto Alegre: Livraria do Advogado, 2012.

penal de segurança nacional, pois na visão do autor as ditaduras da América Latina tratavam os dissidentes como delinquentes. Independentemente de questões ideológicas ou de posicionamentos políticos, entendemos que a Lei 7.170/1983, justamente por ter sido editada em momento histórico totalmente diverso, encontrava-se totalmente desatualizada e fora do contexto constitucional brasileiro, representando uma equivocada militarização de nosso direito penal[26], não tratando de forma moderna a temática terrorista, estando totalmente defasada e tendo questionável aplicabilidade. Mais do que isso, a referida lei não fora recepcionada pela Constituição Federal de 1988, sendo, pois, inconstitucional, apresentando sensível risco ao Estado brasileiro, notadamente no âmbito de direitos e garantias fundamentais e de liberdade de expressão do pensamento.

---

26 Apenas a título exemplificativo, a referida lei previa a instauração de inquérito policial, pela Polícia Federal, de ofício ou mediante requisição do Ministério Público, da autoridade militar responsável pela segurança interna, ou ainda do próprio Ministro da Justiça (art. 31). O caráter militar da legislação seria comprovado pela previsão de instauração de inquérito policial militar caso o agente fosse militar ou assemelhado, ou ainda se o crime lesasse patrimônio sob administração militar ou fosse praticado em lugar diretamente sujeito à administração militar ou contra militar ou assemelhado em serviço (art. 32).

1.2 A Lei 12.850/2013 – A Lei de Organizações Criminosas e as inovações processuais frente ao Terrorismo

Discutamos, pues, de problemas y no de palavras.[27]

A edição da Lei 12.850/2016[28] indiscutivelmente apresenta inovações processuais bastante significativas no ordenamento jurídico brasileiro, tais como o conceito e o tipo penal incriminador da organização criminosa, os meios de obtenção de prova[29] e as infrações penais correlatas, além da possibilidade de aplicação de medidas cautelares em relação a organizações

---

27 "Discutamos, pois, problemas, e não palavras" (tradução nossa). SÁNCHEZ, Jesús María Silva. *Aproximación al derecho penal*. Buenos Aires: B de F, 2010, p. 60.

28 BRASIL. Diário Oficial da União. *Lei nº 12.850, de 02 de agosto de 2013*. Define organização criminosa e dispõe sobre a investigação criminal, os meios de obtenção da prova, infrações penais correlatas e o procedimento criminal; altera o Decreto-Lei nº 2.848, de 7 de dezembro de 1940 (Código Penal); revoga a Lei nº 9.034, de 3 de maio de 1995; e dá outras providências. Brasília, DF, 2013. Disponível em: <http://www.planalto.gov.br/ccivil_03/_ato2004-2006/2004/decreto/d5015.htm>. Acesso em: 30 jul. 2017.

29 CAPÍTULO II
DA INVESTIGAÇÃO E DOS MEIOS DE OBTENÇÃO DA PROVA
Art. 3º Em qualquer fase da persecução penal, serão permitidos, sem prejuízo de outros já previstos em lei, os seguintes meios de obtenção da prova:
I – colaboração premiada;
II – captação ambiental de sinais eletromagnéticos, ópticos ou acústicos;
III – ação controlada;
IV – acesso a registros de ligações telefônicas e telemáticas, a dados cadastrais constantes de bancos de dados públicos ou privados e a informações eleitorais ou comerciais;
V – interceptação de comunicações telefônicas e telemáticas, nos termos da legislação específica;
VI – afastamento dos sigilos financeiro, bancário e fiscal, nos termos da legislação específica;
VII – infiltração, por policiais, em atividade de investigação, na forma do art. 11;

terroristas. Importante destacar que a legislação buscava elucidar aspectos da investigação e procedimentos penais relacionados às organizações criminosas[30].

Conforme lição de Nucci, a finalidade primordial da referida lei seria "a definição de organização criminosa; a partir disso, determinar tipos penais a ela relativos e como se dará a investigação e a captação de provas".[31]

Mais do que isso, no aspecto específico do terrorismo internacional, passados 25 anos da entrada em vigor da Carta da República, finalmente o Brasil editava uma lei que tratava expressamente do assunto, prevendo a aplicação de medidas cautelares processuais penais em face das "organizações terroristas internacionais". O artigo 1º da Lei 12.850/2013[32], além

---

VIII – cooperação entre instituições e órgãos federais, distritais, estaduais e municipais na busca de provas e informações de interesse da investigação ou da instrução criminal.

30 LASMAR, Jorge Mascarenhas. "A legislação brasileira de combate e prevenção do terrorismo quatorze anos após 11 de Setembro: limites, falhas e reflexões para o futuro." *Revista de Sociologia e Política*, v. 23, n. 53, p. 47-70, mar. 2015. Disponível em: <http://revistas.ufpr.br/rsp/article/view/40236>. Acesso em: 17 set. 2017.

31 NUCCI, Guilherme de Souza. *Organização Criminosa – Comentários à Lei 12.850, de 02 de agosto de 2013*. 1.ed. São Paulo: Revista dos Tribunais, 2013, p.17.

32 Art. 1º Esta Lei define organização criminosa e dispõe sobre a investigação criminal, os meios de obtenção da prova, infrações penais correlatas e o procedimento criminal a ser aplicado.
§ 1º Considera-se organização criminosa a associação de 4 (quatro) ou mais pessoas estruturalmente ordenada e caracterizada pela divisão de tarefas, ainda que informalmente, com objetivo de obter, direta ou indiretamente, vantagem de qualquer natureza, mediante a prática de infrações penais cujas penas máximas sejam superiores a 4 (quatro) anos, ou que sejam de caráter transnacional.
§ 2º Esta Lei se aplica também:
I – às infrações penais previstas em tratado ou convenção internacional quando, iniciada a execução no País, o resultado tenha ou devesse ter ocorrido no estrangeiro, ou reciprocamente;
II – às organizações terroristas internacionais, reconhecidas segundo as normas de direito internacional, por foro do qual o Brasil faça parte, cujos atos de

de definir organização criminosa, também se refere, de forma expressa, à aplicabilidade da nova lei às organizações terroristas internacionais.

Da leitura atenta da Lei 12.850/2013, a nosso ver, resta claro que esta não tratava o tema terrorismo com a profundidade necessária, parecendo-nos ainda que tal delito permanecia sendo tratado pela Lei 7.170/1983, anteriormente mencionada e de discutível constitucionalidade.

De qualquer forma o referido dispositivo legal é considerado um avanço marcante da legislação brasileira por reconhecer a possibilidade de atuação de organizações terroristas internacionais em território brasileiro e ainda por prever atos preparatórios e de suporte ao terrorismo.[33] Referida inovação em relação ao terrorismo, marca a superação da regra prevista no Código Penal Brasileiro[34], em seu art. 14, II[35], que concede interesse penal punitivo somente aos atos executórios[36].

Importante destacar que a Lei 12.850/2013 se refere especificamente às organizações terroristas internacionais "reconhecidas segundo as normas de direito internacional" e das quais o

---

suporte ao terrorismo, bem como os atos preparatórios ou de execução de atos terroristas, ocorram ou possam ocorrer em território nacional.

33 LASMAR, Jorge Mascarenhas. "A legislação brasileira de combate e prevenção do terrorismo quatorze anos após 11 de Setembro: limites, falhas e reflexões para o futuro." *Revista de Sociologia e Política*, v. 23, n. 53, p. 47-70, mar. 2015. Disponível em: <http://revistas.ufpr.br/rsp/article/view/40236>. Acesso em: 17 set. 2017.

34 BRASIL. Diário oficial da União. *Decreto Lei nº 2.848 de 07 de dezembro de 1940*. Disponível em: <http://www.planalto.gov.br/ccivil_03/decreto-lei/del-2848compilado.htm>. Acesso em: 09 set. 2017.

35 Art. 14 – Diz-se o crime: [...] II – tentado, quando, iniciada a execução, não se consuma por circunstâncias alheias à vontade do agente.

36 NUCCI, Guilherme de Souza. *Organização Criminosa – Comentários à Lei 12.850, de 02 de agosto de 2013*. 1.ed. São Paulo: Revista dos Tribunais, 2013, p.19.

Brasil faça parte, sendo tal dispositivo criticado à época por ser excessivamente vago[37].

No mesmo caminho aponta lição de Nucci, senão vejamos:

> Por isso, a lei aponta para o seu reconhecimento segundo as normas de direito internacional, que podem advir de tratado, convenção, costumes e jurisprudência de tribunais internacionais. Noutros termos, a definição de organização criminosa, prevista no art. 1.º, § 1.º., da Lei 12.850/2013, não prevalece no contexto do terrorismo internacional. Ilustrando, se três terroristas se organizarem e assim forem reconhecidos pela

---

[37] LASMAR referia em artigo que, "todavia, a lei deixa a definição de quem são as organizações terroristas internacionais a cargo do 'direito internacional reconhecido pelos foros de que o Brasil é parte', o que é um tanto vago. Essa indefinição é importante porque esse é exatamente um dos pontos que têm suscitado constantes críticas por parte de outros países e órgãos internacionais como a ONU e o FATF. Segundo esses, o Brasil tem se recusado a reconhecer publicamente grupos como as FARC, Hamas ou Hezbollah como sendo terroristas (American Embassy in Brasília 2008, p. 2). A formulação desse dispositivo legal e o comportamento oficial brasileiro nos leva a pensar que as únicas organizações terroristas internacionais reconhecidas pelo Brasil segundo essas regras seriam o Talibã e a Al-Qaeda, já que ambas foram expressamente condenadas em diversas resoluções obrigatórias adotadas pelo Conselho de Segurança da ONU, invocando o Capítulo VII da Carta. Note-se que, pela própria natureza do dispositivo que é dirigido para organizações criminosas, exclui-se de seu âmbito de aplicação os casos ligados a indivíduos não ligados a grupos ou redes terroristas, os chamados Lone Wolves. Embora reiteramos que a lei é direcionada a organizações, quando relembramos os ataques terroristas de Oslo em 2011 perpetrados por Anders Behring Breivik ou o atentado da Maratona de Boston realizado pelos irmãos Tsarnaev, em 2013, percebemos a importância dessa lacuna. Apesar de serem geralmente menos letais que terroristas profissionais, os Lone Wolves são uma importante ameaça porque tendem a serem de mais difícil detecção pelas agências de inteligência e estão livres das restrições organizacionais o que os tornam mais indiscriminados na escolha de seus alvos e modo de ataque". LASMAR, Jorge Mascarenhas. "A legislação brasileira de combate e prevenção do terrorismo quatorze anos após 11 de Setembro: limites, falhas e reflexões para o futuro. *Revista de Sociologia e Política*, v. 23, n. 53, p. 47-70, mar. 2015. Disponível em: <http://revistas.ufpr.br/rsp/article/view/40236>. Acesso em: 17 set. 2017.

comunidade internacional, aplica-se a novel Lei 12.850/2013, no seu cenário processual[38].

Apesar do avanço contido na Lei 12.850/2013, a situação legislativa brasileira no tocante ao terrorismo ainda se mostrava incompleta e atrasada, uma vez que o país ainda não contava com uma lei específica e moderna que tratasse do assunto, não havendo, até então, uma adequada tipificação do crime de terrorismo, sendo ainda adotada, em alguns aspectos, a Lei de Segurança Nacional criada em pleno regime militar.

1.3 A Lei 13.260/2016 – A Lei de Enfrentamento ao Terrorismo brasileira

Nas exatas palavras de Matos, uma Estratégia Nacional Contraterrorista, na perspectiva de um Estado,

> é um documento estruturante e indispensável à prossecução de linhas de acção, gerais e particulares – estas últimas sim, deverão manter-se classificadas –, no âmbito da prevenção, protecção, resposta e mitigação de efeitos do terrorismo[39].

Justamente neste aspecto é importante registrar que, até a edição da Lei 13.260/2016, tramitaram no Congresso Nacional diversas propostas legislativas para adoção de estratégias de enfrentamento e para atipificação do terrorismo. Entretanto, o

---

38 NUCCI, Guilherme de Souza. *Organização Criminosa – Comentários à Lei 12.850, de 02 de agosto de 2013*. 1. ed. São Paulo: Revista dos Tribunais, 2013, p.18.

39 MATOS, Hermínio Joaquim de. "Contraterrorismo e contrarradicalização: mitigar ou exacerbar da violência?" In *JANUS 2014, Anuário de Relações Exteriores*, UAL, 16 (Junho). Disponível em: <http://janusonline.pt/images/anuario2014/3.26_HerminioMatos_Contraterrorismo.pdf>. 310jul. 2017

governo brasileiro no referido período, cujas origens remontavam aos movimentos políticos de esquerda, não apoiava essas tentativas temendo justamente o enquadramento de movimentos sociais como células terroristas.

Parte da doutrina critica o regime de urgência impelido à referida legislação, ocasião em que teria sido tolhido um debate mais amplo sobre a matéria, tendo a legislação "duvidosa aptidão para fazer frente ao terrorismo, mas hábil a intimidar (e, em alguns pontos, até mesmo facultar a criminalização de) manifestações políticas e movimentos sociais e congêneres".[40]

Não concordamos com a referida crítica. A Lei 13.260 de 16 de março de 2016[41], atendendo ao comando constitucional e a incontáveis exigências e compromissos internacionais, disciplina o terrorismo, abordando aspectos investigatórios e processuais. Além disso, formula o conceito de organização terrorista. A tipificação do crime de terrorismo é trazida no núcleo da novel Lei, mais precisamente no artigo 2º, sendo claramente afastados os movimentos sociais e as manifestações políticas de tal definição legal:

> Art. 2º O terrorismo consiste na prática por um ou mais indivíduos dos atos previstos neste artigo, por razões de xenofobia, discriminação ou preconceito de raça, cor, etnia e religião, quando cometidos com a finalidade de provocar terror social ou generalizado, expondo a perigo pessoa, patrimônio, a paz pública ou a incolumidade pública.

---

40 ALMEIDA, Débora de Souza de; et al. *Terrorismo: Comentários, artigo por artigo, à Lei 13.260/2016 e Aspectos Criminológicos e; Político-Criminais.* Salvador: Juspodivm, 2017, p. 156.

41 BRASIL. Diário Oficial da União. *Lei nº 13.260, de 16 de março de 2016.* Regulamenta o disposto no inciso XLIII do art. 5º da Constituição Federal, disciplinando o terrorismo, tratando de disposições investigatórias e processuais e reformulando o conceito de organização terrorista; e altera as Leis nos 7.960, de 21 de dezembro de 1989, e 12.850, de 2 de agosto de 2013. Brasília, DF, 2016. Disponível em: <http://www.planalto.gov.br/ccivil_03/_ato2015-2018/2016/lei/l13260.htm>. Acesso em: 30 de jul. 2017.

§ 1º São atos de terrorismo:
I – usar ou ameaçar usar, transportar, guardar, portar ou trazer consigo explosivos, gases tóxicos, venenos, conteúdos biológicos, químicos, nucleares ou outros meios capazes de causar danos ou promover destruição em massa;
II – (VETADO);
III – (VETADO);
IV – sabotar o funcionamento ou apoderar-se, com violência, grave ameaça a pessoa ou servindo-se de mecanismos cibernéticos, do controle total ou parcial, ainda que de modo temporário, de meio de comunicação ou de transporte, de portos, aeroportos, estações ferroviárias ou rodoviárias, hospitais, casas de saúde, escolas, estádios esportivos, instalações públicas ou locais onde funcionem serviços públicos essenciais, instalações de geração ou transmissão de energia, instalações militares, instalações de exploração, refino e processamento de petróleo e gás e instituições bancárias e sua rede de atendimento;
V – atentar contra a vida ou a integridade física de pessoa:
Pena – reclusão, de doze a trinta anos, além das sanções correspondentes à ameaça ou à violência.
§ 2º O disposto neste artigo não se aplica à conduta individual ou coletiva de pessoas em manifestações políticas, movimentos sociais, sindicais, religiosos, de classe ou de categoria profissional, direcionados por propósitos sociais ou reivindicatórios, visando a contestar, criticar, protestar ou apoiar, com o objetivo de defender direitos, garantias e liberdades constitucionais, sem prejuízo da tipificação penal contida em lei.

    Interessante observar que a referida redação segue a tendência de reconhecimento da "mensagem de terror" como elemento essencial do crime de terrorismo, atestando assim o caráter preponderantemente comunicacional do terrorismo[42].

    Além disso, observa-se a opção legislativa de tipificação da figura do terrorista individual, conforme consta no *caput* do

---

42 CALLEGARI, André Luís et al. *O crime de Terrorismo: Reflexões críticas e comentários à Lei de Terrorismo: de acordo com a Lei nº 13.260/2016*. Porto Alegre: Livraria do Advogado, 2016, p. 16. e p. 91.

artigo 2º. Tal previsão é criticada por parte da doutrina que entende o "terrorismo individual" como crime impossível[43].

Em sentido oposto, entende-se que as ações terroristas contemporâneas resultam justamente do desenvolvimento do "terrorismo individual e de pequenos grupos", no qual são criadas e usadas células pequenas e isoladas de maneira transnacional[44].

O novo diploma, além conceituar terrorismo e atos de terrorismo, referindo causa excludente de ilicitude relacionado ao direito de protesto e reivindicação (art. 2º, § 2º), também prevê a punição de atos preparatórios (art. 5º), tipificando ainda o recrutamento e o treinamento de terroristas (art. 5º, § 1º). A nova lei tipifica o crime de financiamento do terrorismo (art. 6º) e institui causas especiais de aumento de pena (arts. 7º e 8º), sendo ainda previstas medidas cautelares sobre ativos vinculados a atividades terroristas (arts. 12 a 14).

A cooperação internacional com base em tratados e em promessa de reciprocidade é admitida, sendo ainda estipulada regra geral de partilha de ativos (art. 15). Também foi prevista a possibilidade de prisão temporária para o crime de terrorismo (art. 18).

No aspecto da investigação e processo restou prevista a aplicação das regras e dos meios de prova trazidos pela Lei 12.850/2013, referida anteriormente, sendo alterado o artigo 1º, § 2º, inciso II, da aludida legislação, que passou a se referir "às organizações terroristas, entendidas como aquelas voltadas para a prática dos atos de terrorismo legalmente definidos", e não mais "às organizações terroristas internacionais, reconhecidas segundo as normas de direito internacional".

---

43 Idem, p. 94.

44 HOBSBAWM, Eric. *Globalização e terrorismo*. Trad. José Viegas. São Paulo: Companhia das Letras, 2007, p. 130-132.

Tal alteração, gramaticalmente simples, apresenta um resultado no campo da aplicação da norma bastante interessante, na medida em que não existe uma definição universal acerca do que são organizações terroristas internacionais, ao passo que a República Federativa do Brasil reconhece formalmente algumas organizações terroristas[45].

Monteiro de Castro e Sousa Costa apresentam interessante comentário acerca da novel lei:

> A novel legislação trouxe significativas mudanças ao arcabouço normativo pátrio, que geraram, não sem razão, grande dose de inquietude na comunidade jurídica. Muito se falou sobre a antecipação da tutela penal, fruto da tipificação de diversos crimes-obstáculo. Além disso, não passaram em branco a presunção absoluta de interesse da União a impor a competência da Justiça Federal e a atribuição investigatória original da Polícia Federal (artigo 11), além da atuação do juiz de ofício na fase investigatória (artigo 12).
> A audaciosa iniciativa do legislador, ao coibir o crime ainda em sua fase embrionária e promover a liquefação de bens jurídicos, pode ser vista sob distintos prismas. De um lado, alguns entenderão como um temerário flerte com o Direito Penal do Inimigo. Lado diverso, outros irão encarar como uma atuação mais rigorosa da lei penal em face dessa específica categoria de criminalidade [...][46].

---

45 BRASIL. Diário Oficial da União. *Decreto nº 8.799 de 06 de julho de 2016.* Dispõe sobre a execução, no território nacional, da Resolução 2253 (2015), de 17 de dezembro de 2015, do Conselho de Segurança das Nações Unidas, que atualiza e fortalece o regime de sanções, imposto pela Resolução 1267 (1999), relativo ao Estado Islâmico no Iraque e no Levante e à Al-Qaeda. Brasília, DF, 2016. Disponível em: <http://www.planalto.gov.br/ccivil_03/_ato2015-2018/2016/decreto/D8799.htm>. Acesso em: 13 jul.2017.

46 CASTRO, Henrique Hoffmann Monteiro de; COSTA, Adriano Sousa. "Lei antiterrorismo inova com a tentativa antecipada do crime." *Revista Consultor Jurídico*, 20 abr. 2016. Disponível em: <http://www.conjur.com.br/2016-abr-20/lei-antiterrorismo-inova-tentativa-antecipada-crime#author>. Acesso em: 02 ago. 2017.

Depois de apresentar definição do crime de terrorismo, a novel lei apresenta em seu art. 3º justamente o núcleo central da presente pesquisa, ao prever a "promoção" de organização criminosa. Outro ponto importante a ser destacado na pesquisa é a previsão expressa de competência da Justiça Federal para processamento e julgamento e da atribuição exclusiva da Polícia Federal para investigação criminal, em sede de inquérito policial (art. 11)[47].

---

47 De acordo com Nucci, como o terrorismo possui inegável fim político em face do Estado, se trata de indiscutível interesse da União a apuração de tais crimes. NUCCI, Guilherme de Souza. *Leis penais e processuais penais comentadas*. Vol. 1. 10ª. ed. São Paulo: Forense, 2017, p.885.

2. A Polícia Federal do Brasil

Não há país que não a tenha, o que também é uma obviedade. Há países que optaram, por exemplo, por não ter ou mitigar as Forças Armadas, como a Costa Rica. Não quero entrar no mérito dessa decisão. Apenas contatá-la como a possibilidade e dizer que o mesmo seria impossível em relação à polícia[48].

É indiscutível que o aparato policial é inerente a toda e qualquer dinâmica organizacional de poder dentro de uma sociedade. Demonstrando o papel das instituições policiais dentro do complexo mecanismo de controle social, Thompson[49] deixa claro que à polícia se destina a principal "peneirada" na busca de separar quem deve padecer os rigores da lei penal dos que devem ficar-lhes imunes.

---

48 BALESTRERI, Ricardo Brisolla. *Direitos Humanos: coisa de polícia*. Passo Fundo: Gráfica e Editora Berthier, 2002, p. 68.

49 THOMPSON, Augusto F. G. "Reforma da polícia: missão impossível." In.: *Revista Discursos Sediciosos: Crime, Direito e Sociedade*. Ano 5, n° 9 e 10. Rio de Janeiro: Freitas Bastos Editora, 2000, p. 247.

Nos aliamos ao enfoque de Guedes Valente[50] ao defender um aprofundamento jurídico teórico-prático da atividade policial que fundamente e justifique a necessidade de um corpo organizado de *ius imperii* na prossecução da defesa e da garantia dos direitos e liberdades fundamentais.

Cumpre referir que a história da investigação criminal e das instituições policiais acompanha o desenvolvimento da própria sociedade humana, aprimorando-se e adaptando-se aos momentos históricos ocorridos. Nesse sentido merece ser trazida à baila precisa e importante lição de Sapori:

> As estruturas policiais, na verdade, são fruto das transformações provocadas pela influência da ideologia, da economia, e da configuração das classes sociais ao longo da história no processo de construção de toda a estrutura burocrática administrativa que efetivou o monopólio da violência pelo Estado ou são criadas para atender a demanda surgida com o advento da modernidade[51].

Chegamos nos dias atuais à exata percepção de que os organismos policiais evoluíram de forma decisiva, deixando de ser instituições autoritárias, tornando-se peça fundamental na complicada engrenagem de defesa e de garantia dos direitos e liberdades fundamentais. O Brasil não poderia ter diferente dinâmica, evoluindo desde a sua recente descoberta e, gradativamente, passando a contar com polícias judiciárias mais fortes, preparadas e adaptadas aos anseios da sociedade moderna.

Nesse compasso, trazemos à baila lição ministrada pela Academia Nacional da Polícia Federal do Brasil no tocante ao notado caráter público da polícia:

---

50 VALENTE, Manuel Monteiro Guedes. *Teoria Geral do Direito Policial*. 3. ed. Coimbra: Almedina, 2012, p. 11.

51 SAPORI, Luís Flávio. *Segurança Pública no Brasil: Desafios e perspectivas*. Rio de Janeiro: Editora FGV, 2007.

Com a evolução da complexidade social e do grau de organização das comunidades, em tribos, reinos, estados, estados-nações, o caráter público da polícia passa a se consolidar com a administração da instituição policial pelo poder público com o seu sustento (financiamento), gestão e orientação[52].

Inegavelmente a Polícia Federal vem acompanhando o jovem processo histórico brasileiro, seguindo a evolução pública, administrativa, política, social e cultural do país e contribuindo decisivamente para a sua consolidação democrática e ética. A Instituição é fruto de uma longa evolução, iniciada na Intendência-Geral de Polícia da Corte e do Estado do Brasil, criada por D. João VI em 1808.

Romero Meneses assim sintetizou a situação da instituição durante o regime militar vivido no Brasil:

> A história demonstra que a Polícia Federal nem sempre foi bem utilizada. De 1964 até meados de 1970, a instituição surgiu no cenário nacional praticamente como coadjuvante das forças armadas na repressão política. Os militares no poder utilizaram a polícia judiciária da união como "braço legal" da repressão, principalmente nos crimes contra a segurança nacional. Neste contexto a censura prévia e a repressão política passaram a ser o foco principal da atuação da Polícia Federal[53].

Na década de 1970 a atuação da instituição voltou-se ao combate do contrabando e do descaminho. Na região Norte a ênfase recaía sobre o contrabando de bebidas, no Centro-Oeste sobre o comércio ilegal de café e soja, enquanto no Sul reprimia-se com mais destaque o contrabando e descaminho de

---

52 BRASIL. Ministério da Justiça. Departamento de Polícia Federal – Academia Nacional da Polícia Federal. Introdução ao Estudo da Polícia. Brasília-DF, 2010, p. 24

53 MENESES, Romero Luciano Lucena. *Manual de planejamento e gestão da investigação policial*. Olinda: Livro Rápido, 2012, p.17.

brinquedos e lança-perfume. Já na década de 1980 a Polícia Federal passa a dar ênfase à repressão ao tráfico ilícito de drogas, impulsionado na década anterior, merecendo destaque a assinatura de convênios de cooperação internacional com os Estados Unidos e a consequente adoção da doutrina norte-americana de enfrentamento ao narcotráfico. Em um segundo momento a instituição adota uma visão capitalista de combate ao crime organizado, merecendo destaque a repressão a crimes contra o sistema financeiro[54].

Em meados de 2003 é feita uma análise conjuntural da realidade do Departamento, cujo diagnóstico apontava para a necessidade de requalificação de métodos de investigação e dos quadros da investigação[55].

Destacando-se na atualidade por ações de inteligência, notadamente no combate à corrupção, a Corporação é a terceira instituição em que os brasileiros mais confiam, conforme pesquisa Ibope Inteligência divulgada recentemente[56].

As reiteradas fases da Operação Lava Jato certamente ajudaram a consolidar o grau de profissionalismo da Polícia Federal em investigação que literalmente "passou a limpo" o Brasil, revelando um intrincado e estarrecedor sistema de corrupção que contaminava as esferas públicas e privadas e que fazia sangrar o país. Renomado trabalho explica a posição de destaque e de reconhecimento nacional da Instituição, sendo

---

54 MENESES, Romero Luciano Lucena. *Manual de planejamento e gestão da investigação policial.* Olinda: Livro Rápido, 2012, p.15-21.

55 Idem, ibid.

56 IBOPE INTELIGÊNCIA. "Confiança no Presidente, governo federal e Congresso Nacional é a menor em 9 anos." Disponível em: <http://www.ibopeinteligencia.com/noticias-e-pesquisas/confianca-no-presidente-governo-federal-e--congresso-nacional-e-a-menor-em-9-anos />. Acesso em: 17 set. 2017.

importante referir a estrita obediência e respeito a direitos e garantias fundamentais.

2.1 A moderna Polícia Federal e o enfrentamento do Terrorismo

> [...] a instituição tem atuado de forma estritamente republicana. Investiga todo e qualquer indício de mácula à coisa pública sem qualquer espécie de restrição. Além da renovação institucional, o braço federal de garantia da segurança pública tem se mostrado implacável no combate ao crime organizado e feroz defensor dos Direitos Humanos, sem da luta os embates temer. Os milhares de policiais que compõem seus quadros são hoje certamente heróis de toda a nação. Os frutos deste trabalho vêm sendo colhidos com satisfação por toda a população brasileira[57].

Nos termos da Constituição Federal de 1988, o papel de polícia judiciária no Brasil é operacionalizado por 26 polícias civis em cada um dos Estados da Federação, além da Polícia Civil do Distrito Federal e da Polícia Federal, na medida de suas respectivas atribuições. Curial referir que, no Brasil, os atos investigatórios são iniciados normalmente através da instauração de um Inquérito Policial, presidido por um Delegado de Polícia (autoridade policial), que buscará ao longo da investigação colher e reunir provas e indícios da materialidade e da autoria do delito.

Com área de atuação que abrange todo o território nacional, a Polícia Federal hodiernamente dispõe de uma estrutura

---

57 BRASIL. Ministério da Justiça. Departamento de Polícia Federal. *A Serviço do Brasil,* Brasília-DF, 2004. Prefácio do ex-Ministro da Justiça Márcio Thomaz Bastos.

moderna e funcional que permite planejamento, coordenação e controle centralizados e execução descentralizada[58].

A atuação da Polícia Federal decorre das disposições estabelecidas no artigo 144 da Constituição Federal de 1988[59], cabendo ao órgão apurar infrações penais contra a ordem política e social ou em detrimento de bens, serviços e interesses da União ou de suas entidades autárquicas e empresas públicas, assim como outras infrações cuja prática tenha repercussão interestadual ou internacional e exija repressão uniforme.

Compete ainda à Instituição prevenir e reprimir o tráfico ilícito de entorpecentes e drogas afins, exercer as funções de polícia marítima, aeroportuária e de fronteiras e ainda exercer, com exclusividade, as funções de polícia judiciária da União[60].

---

58 BRASIL. Ministério da Justiça. Departamento de Polícia Federal. *A Serviço do Brasil,* Brasília-DF, 2004, p. 24.

59 Art. 144. A segurança pública, dever do Estado, direito e responsabilidade de todos, é exercida para a preservação da ordem pública e da incolumidade das pessoas e do patrimônio, através dos seguintes órgãos:
I – polícia federal;
II – polícia rodoviária federal;
III – polícia ferroviária federal;
IV – polícias civis;
V – polícias militares e corpos de bombeiros militares.
§ 1º A polícia federal, instituída por lei como órgão permanente, organizado e mantido pela União e estruturado em carreira, destina-se a:
I – apurar infrações penais contra a ordem política e social ou em detrimento de bens, serviços e interesses da União ou de suas entidades autárquicas e empresas públicas, assim como outras infrações cuja prática tenha repercussão interestadual ou internacional e exija repressão uniforme, segundo se dispuser em lei;
II – prevenir e reprimir o tráfico ilícito de entorpecentes e drogas afins, o contrabando e o descaminho, sem prejuízo da ação fazendária e de outros órgãos públicos nas respectivas áreas de competência;
III – exercer as funções de polícia marítima, aérea e de fronteiras;
III – exercer as funções de polícia marítima, aeroportuária e de fronteiras;
IV – exercer, com exclusividade, as funções de polícia judiciária da União.

60 Para cumprir suas atribuições constitucionais e infraconstitucionais a Polícia Federal, atualmente vinculada ao Ministério Extraordinário da Segurança

Desde o início da década de 1980 o terrorismo internacional tem merecido a atenção da Polícia Federal[61], cabendo à Instituição, com base em doutrina, a prevenção, obstrução, identificação e neutralização de ações terroristas, podendo, quando empregada na elaboração de programas de contraterrorismo e de antiterrorismo, ser considerada a primeira linha de defesa do Estado[62].

Nesse aspecto justamente, e como bem destaca Matos, a resposta estatal ao terrorismo é resultado da convergência de ações de caráter preventivo, proativo e reativo, ainda existindo dúvidas quanto ao enquadramento conceitual dos termos

---

Pública, está distribuída e organizada em uma Direção-Geral, uma Diretoria-Executiva, uma Diretoria de Investigação e Combate ao Crime Organizado, uma Diretoria de Inteligência Policial, uma Corregedoria-Geral, uma Diretoria Técnico-Científica, uma Diretoria de Administração e Logística Policial e ainda uma Diretoria de Gestão de Pessoal. Subordinado à referida Diretoria de Gestão de Pessoal, o órgão conta com uma moderna Academia Nacional de Polícia para a formação e capacitação de seus quadros.
Imperioso ainda registrar a existência de 27 superintendências regionais instaladas nas capitais dos estados, 97 delegacias de Polícia Federal em cidades estratégicas e ainda por diversos postos temporários e permanentes, além de dezenas de "adidâncias" e escritórios de ligação no exterior, instalados junto às representações diplomáticas.

61 Conforme LASMAR "os atentados à embaixada e quartéis estadunidenses em Beirute, em 1983, suscitou a preocupação no governo brasileiro de que sequestros de aeronaves e atentados a bomba pudessem vir a ocorrer no Brasil. Essa preocupação foi real o suficiente para levar a que uma Comissão Parlamentar Mista de Inquérito recomendasse ao Ministério da Justiça a criação de um grupo especializado em contraterrorismo. Esse grupo começou a operar alguns anos mais tarde se tornando o Comando de Operações Táticas (COT) da Polícia Federal. O COT se encontra ativo até os dias de hoje e ainda tem como uma de suas competências a resposta cinética a atos de terrorismo". LASMAR, Jorge Mascarenhas. "A legislação brasileira de combate e prevenção do terrorismo quatorze anos após 11 de Setembro: limites, falhas e reflexões para o futuro." *Revista de Sociologia e Política*, v. 23, n. 53, p. 47-70, mar. 2015. Disponível em: <http://revistas.ufpr.br/rsp/article/view/40236>. Acesso em: 17 set. 2017.

62 JACINI, Wantuir Francisco Brasil. "Terrorismo: atuação da Polícia Federal." *Revista CEJ*, n.18, jul./set. 2002, p. 74-82.

antiterrorismo e contraterrorismo e de suas eventuais diferenciações. O autor destaca documento do Estado-Maior Conjunto norte-americano[63], que define os conceitos separadamente, sendo o antiterrorismo relacionado a "medidas defensivas destinadas a reduzir a vulnerabilidade de pessoas e bens a ataques terroristas" e o contraterrorismo, a "medidas ofensivas destinadas a prevenir, impedir e responder ao terrorismo". Matos ainda esclarece que "o combate ao terrorismo é o somatório de acções – de 'índole' antiterrorista e contraterrorista – tomadas com vista a impedir a ocorrência do fenómeno terrorista em toda a extensão da ameaça"[64].

Na estratégia contra o terror a tática adotada pela Polícia Federal busca a criação de

> mecanismos de consulta, cooperação e coordenação entre as polícias brasileiras e estrangeiras nas áreas estratégicas, operacional e de treinamento, para combater com maior grau de eficiência o terrorismo internacional [...][65].

---

63 U.S. Joint Chiefs of Staff (1993), "Joint Tactics, Techniques and Procedures for Antiterrorism" – JP 3-07.2, 25 June, p. I-1 apud MATOS, Hermínio Joaquim de. "Contraterrorismo Ofensivo. O 'targeted killing' na eliminação de alvos terroristas: o caso dos EUA e de Israel." In *JANUS.NET e-journal of International Relations*, vol. 3, nº 2, outono 2012. Disponível em: <http://observare.ual.pt/janus.net/pt/component/content/article/66-portugues-pt/v-3-n-2-2012--outono/artigos/194-pt-pt_vol3_n2_art7>. Acesso em: 31 ago. 2017.

64 MATOS, Hermínio Joaquim de. "Contraterrorismo Ofensivo. O 'targeted killing' na eliminação de alvos terroristas: o caso dos EUA e de Israel". In *JANUS.NET e-journal of International Relations*, vol. 3, nº 2, outono 2012. Disponível em: <http://observare.ual.pt/janus.net/pt/component/content/article/66-portugues-pt/v-3-n-2-2012-outono/artigos/194-pt-pt_vol3_n2_art7>. Acesso em: 31 ago. 2017.

65 JACINI, Wantuir Francisco Brasil. "Terrorismo: atuação da Polícia Federal." *Revista CEJ*, n.18, jul./set. 2002, p. 74-82.

Estando vinculada e subordinada à Diretoria de Inteligência da Polícia Federal, compete à Divisão Antiterrorismo (DAT) a produção de conhecimento sobre o tema e ainda o necessário assessoramento de autoridades superiores. A referida unidade surgiu em 1995, inicialmente com o nome de Santer – Serviço Antiterrorismo –, sendo criada em razão de constantes pedidos de serviços de inteligência do exterior relacionados à temática extremista[66].

Posteriormente transformada em Divisão Antiterrorismo, vinculada à Diretoria de Inteligência Policial, suas competências constam em normativo da Polícia Federal[67]:

> I – planejar e executar a busca, coleta e análise de dados sobre atividades terroristas em território nacional;
> II – efetuar registro, análise e difusão de conhecimentos relativos à atividade terrorista em âmbito nacional e internacional, bem como representar o DPF em eventos sobre o tema terrorismo;
> III – manter contatos com organizações congêneres nacionais e internacionais, objetivando promover o intercâmbio de informações sobre atuação de organizações terroristas internacionais;
> IV – planejar e executar operações Antiterrorismo.

Percebe-se, pois, a importância da referida unidade em relação à temática terrorista no Brasil, na medida em que opera como setor de inteligência policial, obedecendo assim a resoluções do Conselho de Segurança da ONU para intercâmbio de

---

[66] BLATT, Erick Ferreira. *Estudos Sobre o Terrorismo no Brasil: Subsídios Visando sua Prevenção Durante a Copa de 2014 e as Olimpíadas de 2016*. Trabalho de Conclusão de Curso apresentado à Academia Nacional de Polícia como exigência parcial para obtenção do título de Especialista em Ciência Policial e Investigação Criminal. Brasília, DF: Academia Nacional dePolícia Federal, 2012.

[67] BRASIL. Ministério da Justiça. Departamento de Polícia Federal. *Instrução Normativa nº 26/2010, de 23 de março de 2010*. Brasília, DF, 2004.

informações entre órgãos de vários países quanto à atuação de grupos extremistas.

Além do evidente caráter de órgão de inteligência, a Divisão também possui atribuição de polícia judiciária, sendo tal atribuição exclusiva, conforme previsto expressamente na novel Lei de Enfrentamento ao Terrorismo e como já referido anteriormente.

2.2 Operação Hashtag – A maior ação contraterrorista do Brasil[68]

Às vésperas dos Jogos Olímpicos de 2016 e já sob a égide da novel lei, fruto de anos de reiteradas exigências internacionais, a Divisão Antiterrorismo da Polícia Federal deflagrou operação de polícia judiciária para desarticular uma organização terrorista.

A Operação Hashtag, desencadeada em julho de 2016 contra célula do grupo terrorista Estado Islâmico, foi a primeira e até hoje mais importante operação policial nessa seara no Brasil, tendo entrado para a história como a primeira sentença proferida na América Latina para punir o terrorismo islâmico[69].

Importante transcrever trecho do bem fundamentado relatório final apresentado pelo Delegado de Polícia Federal

---

68 TREZZI, Humberto. "Operação Hashtag: os detalhes da maior ação antiterrorismo no Brasil." *Jornal Zero Hora*, 03/11/2016. Disponível em: <http://zh.clicrbs.com.br/rs/noticias/policia/noticia/2016/11/operacao-hashtag-os-detalhes-da-maior-acao-antiterrorismo-no-brasil-8125492.html#showNoticia=IXlfIVNpQVA5MTI0NjQ2NTU5NzY4NjQxNTM2O nY3OTExNzY1MjU2NjM0NDcwMDIwMjtUOTE1NTEzNjEyNzI1Mzky NTA2ODhTX0VNYmNQL2E5REspTllAdy8=>. Acesso em: 10 set. 2017.

69 COUTINHO, Leonardo. *Turning the Tables: How Brazil Defeated an ISIS Threat*. Center for a Secure Free Society: Global Dispatch. Set. 2017. Disponível em: <http://www.securefreesociety.org/wp-content/uploads/2017/09/SFS-Global-Dispatch-Issue-5-1.pdf>. Acesso em: 05 out. 2017.

Guilherme Torres, autoridade policial que presidia a investigação, que detalha o início do Inquérito Policial:

> O inquérito policial (IPL) em epígrafe foi instaurado por portaria para apurar a conduta de brasileiros que, em tese, integram e promovem a organização terrorista internacional Estado Islâmico (EI), tendo como base diversas cidades do Brasil, tais como Colombo/PR, Manaus/AM, João Pessoa/PB, entre outras, delito tipificado na então novel Lei de Enfrentamento ao Terrorismo (LET), de n.º 13.260/2016. 2. À época da instauração, foram juntadas as Informações Policiais n.º 003 e 004/2016-DAT/DIP/PF, bem como o Memorando s/n.º do FBI (Federal Bureau of Investigation), os quais davam conta de que nacionais brasileiros faziam promoção do Estado Islâmico (EI)1, na medida em que difundiam material de propaganda daquela organização, incentivando a filiação àquele grupo, por meio de redes sociais, notadamente o FACEBOOK. 3. Como já referido em outros expedientes, é extreme de dúvida que o EI é organização terrorista para a legislação brasileira, nos moldes do previsto no art. 19 da LET, o qual alterou o art. 1º, § 2º, II, da Lei n.º 12.850/2013 ("às organizações terroristas, entendidas como aquelas voltadas para a prática dos atos de terrorismo legalmente definidos"). Neste sentido, conforme o art. 2º da LET, é inegável que o EI pratica atos que atentam contra a integridade física e a vida de terceiros, com intuito de gerar terror mundial e motivação de discriminação religiosa. O EI defende o retorno do Califado, com obediência à lei religiosa ("sharia"), e extermínio dos infiéis, ou seja, todos aqueles que não sigam a vertente salafista do islamismo sunita[70].

O objeto da operação desencadeada pela Polícia Federal era desarticular grupo de usuários de redes sociais que teria como

---

70 BRASIL. Ministério da Justiça. Departamento de Polícia Federal. Delegado de Polícia Federal Guilherme Torres. *Relatório Final da Polícia Judiciária. IPL 007/2016-DPF/MJ (Processo n.º 5023557-69.2016.4.04.7000)*. Disponível em: <https://www2.trf4.jus.br/trf4/controlador.php?acao=consulta_processual_pesquisa&strSecao=PR&selForma=NC>. Acesso em: 29 ago. 2017 (número do processo 5023557-69.2016.4.04.7000, chave 484660605416, evento 702).

objetivos promover o Estado Islâmico e formar uma célula terrorista em território nacional:

> Segundo a descrição fática constante da inicial acusatória, em síntese, no período de 17/03 a 21/07/2016, todos os denunciados se dedicaram a promover a organização terrorista denominada Estado Islâmico do Iraque e do Levante (ou da Síria, dependendo da tradução do termo 'al-Sham'. No original em árabe: 'Al-Dawla Al-Islamiya fi al-Iraq wa al-Sham').
> A promoção se daria por intermédio de publicações em perfis das redes sociais Facebook, Twitter e Instagram; de diálogos em grupos fechados do Facebook acompanhados de compartilhamento de material extremista; diálogos em conversas privadas via Facebook; trocas de emails; e conversas por meio do aplicativo Telegram. O conteúdo obtido a partir do afastamento judicial dos sigilos de dados, telemáticos e telefônicos se situa entre a exaltação e celebração de atos terroristas já realizados em todo mundo, passando pela postagem de vídeos e fotos de execuções públicas de pessoas pelo Estado Islâmico, chegando a orientações de como realizar o juramento ao líder do grupo ('bayat'), e atingindo a discussão sobre possíveis alvos de ataques que eles poderiam realizar no Brasil (estrangeiros durante os Jogos Olímpicos, homossexuais, muçulmanos xiitas e judeus), com a orientação sobre a fabricação de bombas caseiras, a utilização de armas brancas e aquisição de armas de fogo para conseguir esse objetivo.
> Há expressa referência a centenas de diálogos, imagens, vídeos e postagens realizadas diretamente e/ou compartilhadas pelos denunciados que demonstrariam os indícios materialidade de autoria do crime previsto no art. 3º da Lei nº 13.260/16, na modalidade de promoção de organização terrorista. As condutas estão individualizadas por denunciado. Há referência a diversas postagens realizadas anteriormente à vigência da Lei nº 13.260/16 que permaneceram nos perfis dos denunciados posteriormente à vigência da citada Lei (crimes permanentes)[71].

---

71 BRASIL. Justiça Federal, Seção Judiciária do Paraná. 14ª Vara Federal de Curitiba. Juiz Federal Marcos Josegrei da Silva. *Sentença exarada na ação penal nº 504686367.2016.4.04.7000/PR*. Disponível em: <https://www2.trf4.jus.br/trf4/controlador.php?acao=consulta_processual_pesquisa&strSecao=PR

No dia 16/09/2016 o Ministério Público Federal ofereceu denúncia em face dos réus Alisson Luan de Oliveira, Hotencio Yoshitake, Israel Pedra Mesquita, Levi Ribeiro Fernandes de Jesus, Luis Gustavo de Oliveira e Oziris Moris Lundi dos Santos Azevedo, imputando a estes as práticas dos crimes previstos no art. 3º da Lei nº 13.260/16 (promoção de organização terrorista), no art. 288 do Código Penal (associação criminosa) e no art. 244-B, §§ 1º e 2º, da Lei nº 8.069/90 (corromper ou facilitar a corrupção de menor de 18 anos, com ele praticando infração penal ou induzindo-o a praticá-la).

O réu Fernando Pinheiro Cabral foi denunciado pela prática dos delitos previstos no art. 3º da Lei nº 13.260/16 (promoção de organização terrorista) e no art. 288 do Código Penal (associação criminosa).

Em relação a Leonid El Kadre de Melo, imputaram-se as práticas dos crimes previstos no art. 288 do Código Penal (associação criminosa) e no art. 244-B, §§ 1º e 2º, da Lei nº 8.069/90 (corromper ou facilitar a corrupção de menor de 18 anos, com ele praticando infração penal ou induzindo-o a praticá-la), combinados com o art. 3º da Lei nº 13.260/16 (promoção de organização terrorista) e com o art. 5º, § 1º, I, c/c § 2º, da Lei nº 13.260/16, sendo este último artigo pela prática do crime de recrutamento para organização terrorista, "à vista das diversas mensagens que ele teria enviado aos demais denunciados, algumas das quais apenas quatro dias antes da deflagração da primeira fase ostensiva" e "no intuito de promover o encontro físico dos denunciados para preparação no sentido de que passassem a fazer parte da organização terrorista".[72]

&selForma=NC>. Acesso em: 19 ago. 2017 (número do processo 5046863- -67.2016.4.04.7000, chave 207557386816, evento 613).

72 BRASIL., loc.cit. Justiça Federal, Seção Judiciária do Paraná. 14ª Vara Federal de Curitiba. Juiz Federal Marcos Josegrei da Silva. *Sentença exarada na ação penal nº 504686367.2016.4.04.7000/PR*. Disponível em: <https://www2.trf4.

Todos os denunciados estavam preventivamente presos quando do oferecimento da denúncia – Autos de Pedido de Prisão Preventiva n° 5046615-04.2016.4.04.7000. Importante destacar que o Brasil reconhece formalmente o Estado Islâmico como organização terrorista[73], tendo o Magistrado que julgou a ação definido com bastante propriedade a referida organização e os seus métodos:

> O autoproclamado Estado Islâmico é organização terrorista altamente violenta que preconiza a supremacia de sua visão religiosa sectária, incapaz de conviver com a diversidade e com qualquer outro modo de vida que não seja aquele que seus seguidores procuram impor. É totalitário, antidemocrático e, sobretudo, criminoso. Promove sequestros, tortura, morte e destruição do patrimônio público, privado e histórico, sempre com a finalidade de, pela violência, intimidar e promover a instauração de seus ideais extremistas e antidemocráticos. Conta com um verdadeiro exército de seguidores e busca a adesão e o recrutamento de novos integrantes por meio dos modernos sistemas de comunicação, tais como a internet, redes sociais e smartphones.
> A comunidade internacional, representada pela ONU, estabeleceu em diversas de suas Resoluções como uma de suas metas a erradicação completa do tal ISIS, ISIL ou simplesmente Estado Islâmico, incluindo sua ideologia inaceitável para os padrões civilizados[74].

---

jus.br/trf4/controlador.php?acao=consulta_processual_pesquisa&strSecao=PR&selForma=NC>. Acesso em: 19 ago. 2017 (número do processo 5046863--67.2016.4.04.7000, chave 207557386816, evento 613).

73 BRASIL. Diário Oficial da União. *Decreto n° 8.799 de 06 de julho de 2016*. Dispõe sobre a execução, no território nacional, da Resolução 2253 (2015), de 17 de dezembro de 2015, do Conselho de Segurança das Nações Unidas, que atualiza e fortalece o regime de sanções, imposto pela Resolução 1267 (1999), relativo ao Estado Islâmico no Iraque e no Levante e à Al-Qaeda. Brasília, DF, 2016. Disponível em: <http://www.planalto.gov.br/ccivil_03/_ato2015-2018/2016/decreto/D8799.htm>. Acesso em: 13 jul. 2017.

74 BRASIL. Justiça Federal, Seção Judiciária do Paraná. 14ª Vara Federal de Curitiba. Juiz Federal Marcos Josegrei da Silva. *Sentença exarada na ação penal*

Não trataremos nesta pesquisa dos desdobramentos da operação em relação a outros investigados nas demais fases da operação. Igualmente, não busca a presente pesquisa tratar de outros tipos penais que não o delineado no art. 3º da Lei nº 13.260/16, na modalidade de promoção de organização terrorista, sendo esse o objeto principal do trabalho: verificar se a referida "promoção" pode se dar através da Internet e das redes sociais.

Também não se busca aqui trazer detalhes sigilosos da investigação e dos seus meios. Todos os recursos aqui trazidos estão presentes em fontes abertas de pesquisa.

Busca-se, em verdade, focar a pesquisa na Internet e nas redes sociais enquanto potenciais fontes de promoção de organizações terroristas.

Ademais, obteve-se autorização do próprio Magistrado responsável pelo caso para esta pesquisa e para eventual citação de partes do respectivo processo. Destaca-se a importância desta pesquisa, sendo este o primeiro processo no Brasil tratando da aplicação da Lei de Enfrentamento ao Terrorismo, inexistindo, pois, precedentes jurisprudenciais sobre o tema no país.

---

nº 504686367.2016.4.04.7000/PR. Disponível em: <https://www2.trf4.jus.br/trf4/controlador.php?acao=consulta_processual_pesquisa&strSecao=PR&selForma=NC>. Acesso em: 19 ago. 2017 (número do processo 5046863- -67.2016.4.04.7000, chave 207557386816, evento 613).

2.3 Operação Hashtag – Manifestações da autoridade policial presidente da investigação, da defesa, do Ministério Público Federal e a primeira sentença proferida na América Latina para punir o terrorismo islâmico

> The Internet is a prime example of how terrorists can behave in a truly transnational way; in response, States need to think and function in an equally transnational manner[75].

Segundo concluído pela autoridade policial que presidia a investigação, a atuação dos envolvidos teria ocorrido por meio da Internet, mais especificamente por publicações em perfis da rede social Facebook e do aplicativo Telegram, e através de diálogos em conversas privadas e em grupos fechados, ocorrendo ainda envios e trocas de materiais de cunho extremista por intermédio das referidas redes. Conforme consta na investigação, um dos acusados lecionou acerca do preparo do material bélico a um grupo cujos integrantes tencionavam explodir bombas durante os jogos olímpicos na cidade do Rio de Janeiro[76].

---

[75] "A Internet é um significativo exemplo de como os terroristas podem se comportar de maneira verdadeiramente transnacional; em resposta, os Estados precisam pensar e funcionar de maneira igualmente transnacional" (tradução nossa). KI-MOON, Ban. Secretary-General of the United Nations. United Nations Office On Drugs And Crimes. *The use of the internet for terrorist purposes*. Viena: United Nations, 2012. Disponível em: <http://www.unodc.org/documents/frontpage/Use_of_Internet_for_Terrorist_Purposes.pdf>. Acesso em: 21ago. 2017.

[76] BRASIL. Ministério da Justiça. Departamento de Polícia Federal. Delegado de Polícia Federal Guilherme Torres. *Relatório Final da Polícia Judiciária. IPL 007/2016-DPF/MJ (Processo n.º 5023557-69.2016.4.04.7000)*. Disponível em: <https://www2.trf4.jus.br/trf4/controlador.php?acao=consulta_processual_pesquisa&strSecao=PR&selForma=NC>. Acesso em: 29 ago. 2017 (número do processo 5023557-69.2016.4.04.7000, chave 484660605416, evento 702).

Tão logo deflagrada a operação policial, iniciou-se um até então inédito debate na seara jurídica nacional. Dentro desse contexto, debateu-se acerca da postagem de vídeos, fotos, mensagens, livros e demais materiais alusivos e em exaltação a grupos terroristas em redes sociais e ainda se essa prática caracterizar-se-ia como "promoção da organização terrorista", ou seria necessária a execução de atos concretos que ultrapassassem o plano teórico.

De um lado a Polícia Federal, instituição com destacada atuação em grandes investigações, afirmava categoricamente através de suas autoridades policiais (Delegados de Polícia Federal) que os envolvidos (presos preventivamente na operação) se dedicaram a "promover" organização criminosa por meio de publicações em redes sociais e em conversas privadas, em grupos fechados destas redes, juntamente com o compartilhamento de material extremista e de tratativas para eventuais atuações de terror.

No mesmo sentido a manifestação do Ministério Público Federal, ao referir a inovação da novel lei e também salientar que "a incriminação de condutas voltadas ao apoio e à promoção de atos e organizações terroristas se vincula, na realidade, a uma já consolidada tendência internacional de repressão e de prevenção do terror."

O Parquet ainda se posicionou no sentido de que a ação penal resultante da Operação Hashtag estaria no mesmo caminho adotado pela comunidade internacional:

> Assim, inconcusso que a simples existência dos verbos "constituir" e "integrar" no art. 3º da Lei n.º 13.260/2016 não afasta a possibilidade de acusação pelo crime de organização criminosa em conjunto com a "promoção" de organização terrorista. [...] A ação penal em exame, portanto, está em consonância com a ideologia jurídica da comunidade internacional,

mostrando-se de suma importância a punição de todos os réus, que, deliberadamente, praticaram atos em favor do grupo terrorista Estado Islâmico[77].

A defesa dos investigados, patrocinada pela Defensoria Pública da União, no mérito argumentou que as condutas imputadas aos investigados "não se adequam a um tipo penal válido na Lei 13.260", aduzindo que a promoção da própria organização deveria ocorrer "por meio de atos concretos que devem ultrapassar a seara da apologia ou da propaganda de ideais extremistas", concretamente direcionados à constituição e ao desenvolvimento de organização terrorista:

> Em que pese a deficiência na redação legislativa do art. 3ª da Lei 13.260/2016, é inafastável a exigência de conduta com dolo direto de promover concretamente a organização terrorista, ou seja, consistente na intenção inequívoca de empreender ações e esforços concretos para favorecer, articular ou desenvolver a organização terrorista, logo, não se pode admitir como válidas meras manifestações de apoio ou simpatia à ocorrência de atentados ou de simpatia a ideais extremistas[78].

A sentença de primeiro grau, lavrada pelo Juiz Federal Marcos Josegrei da Silva, muito bem embasada e fundamentada, de forma inédita condenou diversos investigados em crimes tipificados na Lei 13.260 de 2016.

---

77 BRASIL. Procuradoria da República do Paraná. Procurador da República Rafael Brum Miron. *Alegações finais na ação penal nº 504686367.2016.4.04.7000/PR*. Disponível em: <https://www2.trf4.jus.br/trf4/controlador.php?acao= consulta_processual_pesquisa&strSecao=PR&selForma=NC>. Acesso em: 19 ago. 2017 (número do processo 5046863-67.2016.4.04.7000, chave 207557386816, evento 537).

78 BRASIL. Defensoria Pública da União. Defensora Pública Federal Rita Cristina de Oliveira. *Alegações finais na ação penal nº 504686367.2016.4.04.7000/PR*. Disponível em: <https://www2.trf4.jus.br/trf4/controlador.php?acao=consulta_processual_pesquisa&strSecao=PR&selForma=NC>. Acesso em: 19 ago. 2017 (número do processo 5046863-67.2016.4.04.7000, chave 207557386816, evento 553).

Como já ressaltado, limitaremos a pesquisa a aspecto específico da novel lei. Nesse sentido, é imperioso transcrever trechos da decisão do Magistrado que embasaram a sentença:

> A análise da extensa peça inicial constante no evento 1, DENUNCIA1, DENUNCIA2 e DENUNCIA3 evidencia, sem sombra de dúvida, a materialidade delitiva do crime do art. 3º da Lei nº 13.260/16 relativamente às postagens de vídeo, fotos, mensagens de estimulação e materiais alusivos à organização terrorista, em páginas abertas ou grupos fechados de internet, redes sociais, Facebook, programas de troca instantânea de mensagens, dentre outros, tal como descritos na denúncia. [...] Não há necessidade de comprovação de especial fim de agir ou da presença de dolo específico, bastando o simples ato de promover organização terrorista por meio de atos inequívocos que demonstrem externamente a adesão aos seus ideais e a sua respectiva externalização voluntária.
>
> As teses de que as postagens e diálogos dos acusados de conteúdo extremista não passavam de expressão de curiosidade religiosa, meras bravatas ou brincadeiras não podem ser aceitas como justificativas aptas a excluir a tipicidade, antijuridicidade ou culpabilidade das ações. O tipo penal, por tudo que já foi esclarecido, se perfaz com o simples ato de promoção, por intermédio de uma das ações anteriormente descritas.
>
> Desimporta se existia, ou não, a real intenção de traduzir as manifestações públicas de estímulo ou apoio em ações preparatórias ou executórias concretas capazes de produzir resultados materiais consistentes em ataques a pessoas ou instalações físicas em nome da causa sectária. [...] A essa altura, convém registrar que uma das maiores preocupações experimentadas neste momento pela comunidade internacional é com a chamada 'autorradicalização', que ocorre mais comumente pela Internet, e conduz aos ataques dos chamados 'lobos solitários', cujos efeitos são por todos conhecidos. Se caracterizam por serem ações inspiradas em ideais extremistas disseminados à distância, que não exigem formação religiosa sólida, de baixo custo e de planejamento simples. [...][79]

---

79 BRASIL. Justiça Federal, Seção Judiciária do Paraná. 14ª Vara Federal de Curitiba. Juiz Federal Marcos Josegrei da Silva. *Sentença exarada na ação penal*

Ao destacar na mesma sentença as circunstâncias e condições pessoais dos principais envolvidos, o Magistrado fundamenta a manutenção da prisão preventiva dos acusados. A referida fundamentação deve ser apresentada, pois expõe informações e detalhes do caso que são de interesse para a pesquisa:

> [...] Restou confirmado o papel de liderança exercido por LEONID EL KADRE DE MELO e, secundariamente, por ALISSON LUAN DE OLIVEIRA perante os demais denunciados nas práticas relacionadas ao terrorismo e à associação criminosa. LEONID e ALISSON, nessa ordem, tinham papel fundamental na cooptação/convencimento de pessoas para seguir a visão deturpada que grupos terroristas pregam em relação ao islamismo, notadamente para o apoio e/ou promoção de ações violentas praticadas em detrimento daqueles que ousam pensar e agir de forma diversa. Conforme já registrado nesta sentença, LEONID possui personalidade eloquente e persuasiva. Por diversas vezes jurou formalmente fidelidade ao Estado Islâmico, manifestou desejo de migrar para área de conflito e reiteradamente demonstrou desprezar todas as instituições que pertencem àqueles que pejorativamente chama de 'infiéis'. Atuou de forma impositiva perante outros indivíduos também adeptos da doutrina ditada por grupos terroristas (em sua maioria jovens), os estimulou a cometerem crimes como forma legítima na sua visão de obter fundos em favor do financiamento para o cometimento de ações terroristas, idealizou a formação de uma célula terrorista no estado do Mato Grosso (onde poderiam treinar longe dos olhos das autoridades e adquirir armas em países vizinhos) e propôs mais de uma vez a aquisição de armas de forma compartilhada por todos os integrantes do grupo para que agissem em favor da 'causa'. Possui consideráveis conhecimentos acerca da língua árabe e fragmentos importantes dos ensinamentos da religião muçulmana, conhecimentos esses que utilizou perante o grupo para fazer

---

nº 504686367.2016.4.04.7000/PR. Disponível em: <https://www2.trf4.jus.br/trf4/controlador.php?acao=consulta_processual_pesquisa&strSecao=PR&selForma=NC>. Acesso em: 19 ago. 2017 (número do processo 5046863-67.2016.4.04.7000, chave 207557386816, evento 613).

valer a sua visão e os ideais extremistas. Na oportunidade em que teve contato pessoal com o Juízo demonstrou não compartilhar da compreensão mediana do mundo civilizado quanto à gravidade de suas condutas, tampouco arrependimento relativamente às ações terroristas que advoga, proclama, estimula e para as quais recrutava terceiros. Por fim, há que se destacar possuir condenação definitiva pela prática de crimes violentos homicídio (por meio de golpes de pedra na vítima) e roubo.
[...] ALISSON LUAN DE OLIVEIRA, assim como LEONID, exerceu papel de liderança perante os demais integrantes dos grupos formados no intento de promover grupos terroristas, bem como atuou de forma a gerar temor sério e fundado relativamente à garantia da ordem pública. Mais de uma vez afirmou ter feito a bayat. Externou ideia no sentido de que as Olimpíadas seriam uma ótima oportunidade para a realização de ataques terroristas, inclusive sugerindo a realização de um projeto de extermínio em massa mediante contaminação de estação de tratamento de águas no RJ durante o período dos Jogos. Também partiu dele, ainda durante o ano de 2015, o envio de email para uma loja de armas localizada no Paraguai indagando sobre a possibilidade de comprar e receber em sua casa um fuzil AK-47. Nas convocações de LEONID para a formação de uma célula terrorista presencial com campo de treinamento no estado do Mato Grosso foi um dos primeiros a responder afirmativamente e, inclusive, exortou os demais a realizarem, após a reunião presencial, uma bayat coletiva ao autodenominado califa do E.I.
[...] Da mesma forma, as condições pessoais de LUIS GUSTAVO DE OLIVEIRA indicam ser necessária a manutenção de sua custódia cautelar. A quantidade e a natureza extremante graves de algumas de suas manifestações de apoio à organização terrorista não podem ser desconsideradas pelo Juízo, dado o risco concreto de dano imensurável à população em caso de colocação em prática de suas ideias. Nesse sentido necessário se destacarem as orientações repassadas a outros adeptos de doutrinas terroristas, pouco antes do início das Olimpíadas do RJ, sobre como produzir uma bomba caseira utilizando carvão, salitre e enxofre, com a inserção de cacos de vidro moídos para potencializar a dor e o terror na população civil. Essa mensagem deve ser contextualizada à mensagem privada remetida por LUIS GUSTAVO a outro simpatizante da organização

terrorista Estado Islâmico, na qual afirmou que pretendia fazer a bayat ao autodenominado califa do E.I.

[...] Por fim, entendo necessária também a manutenção da prisão preventiva de FERNANDO PINHEIRO CABRAL. Os elementos dos autos apontam para um indivíduo de fato engajado com o ideal terrorista e detentor de elevada capacidade de tornar concretas ações de agressão gratuita contra quem quer que seja desde que motivado por alguma causa que entenda nobre (destaque para o item 1.9.8 da denúncia em que terceira pessoa afirma que FERNANDO pretendia cometer atentado terrorista em shopping center). Afirmou não ser 'feito apenas de discurso' e foi flagrado exigindo explicações de um interlocutor por que este não cumprira uma tarefa dada por ele para cometer um ataque terrorista em São Paulo inspirado nas ações do ISIS (fl. 265 da denúncia). Nesse contexto, e considerando-se a presença de robustos indícios de possuir o denunciado personalidade violenta (relatada por familiares na esfera policial – evento 55 dos autos n° 503744508.2016.4.04.7000, embora com retratação em Juízo, com fornecimento de uma justificativa, para dizer o mínimo, incomum), a quantidade e gravidade das postagens realizadas pelo réu em promoção a ações terroristas não podem simplesmente ser desconsideradas pelo Juízo. [...][80]

A operação e o seu resultado foram objeto de grande repercussão na mídia internacional, chamando a atenção externa de pesquisadores para o exemplo brasileiro. Interessante artigo destaca que o Brasil realizou o primeiro julgamento criminal e a primeira condenação de terroristas islâmicos na América Latina, sendo este um importante precedente legal para a região. Conforme destacado na matéria, a referida condenação de terroristas ligados ao Estado Islâmico após menos de um ano de prisão é um feito extraordinário para um país com pouca

---

80 BRASIL. Justiça Federal, Seção Judiciária do Paraná. 14ª Vara Federal de Curitiba. Juiz Federal Marcos Josegrei da Silva. *Sentença exarada na ação penal n° 504686367.2016.4.04.7000/PR*. Disponível em: <https://www2.trf4.jus.br/trf4/controlador.php?acao=consulta_processual_pesquisa&strSecao=PR&selForma=NC>. Acesso em: 19 ago. 2017 (número do processo 5046863-67.2016.4.04.7000, chave 207557386816, evento 613).

experiência em lidar com atividades terroristas islâmicas, sendo ainda registrado que a Argentina, vítima de múltiplos ataques terroristas contra a Embaixada de Israel em Buenos Aires em 1992 e contra a Asociación Mutual Israelita Argentina (AMIA) em 1994, ainda não concluiu tais julgamentos[81].

A nosso ver o inédito caso tratado pela Justiça brasileira representa talvez o maior desafio do Direito Penal contemporâneo, qual seja, a repressão ao novo terrorismo desencadeado através da disseminação de ações e de ideologias extremistas e de radicalização violenta por meio da Internet e das redes sociais.

A proposta desta pesquisa é justamente aproximar a Operação Hashtag deste terrorismo contemporâneo, avaliando o enquadramento legal do terrorismo no Brasil e da investigação policial em face dos princípios da taxatividade e da proibição de proteção deficiente estatal.

---

81 COUTINHO, Leonardo. *Turning the Tables: How Brazil Defeated an ISIS Threat*. Center for a Secure Free Society: Global Dispatch. Set. 2017. Disponível em: <http://www.securefreesociety.org/wp-content/uploads/2017/09/SFS--Global-Dispatch-Issue-5-1.pdf>. Acesso em: 05 out. 2017.

3. O direito penal e o fenômeno terrorista contemporâneo

> À medida que os grupos desenvolverem sua capacidade para infligir grandes danos contra a infraestrutura nos próximos anos, a tentação aumentará[82].

O terrorismo é um fenômeno em constante mudança, razão pela qual os profissionais que atuam no contraterrorismo, bem como os decisores políticos, tentam observar e identificar tendências para, assim, estarem preparados para o que está por vir e para novas formas do fenômeno[83].

É indiscutível que as ações terroristas se dão de diversas formas, em diferentes momentos históricos, políticos e sociais. Basicamente o que é partilhado pelas organizações terroristas é a fragilidade no que tange aos seus oponentes e à execução propositai de civis na busca de seus objetivos[84].

---

82 NYE JÚNIOR, Joseph S. *O futuro do poder*. São Paulo: Benvirá, 2012, p. 191.

83 BAKKER, Edwin. *Terrorism and Counterterrorism Studies: Comparing Theory and Practice*. Leiden: Leiden University Press, 2015, p. 62-63.

84 RICHARDSON, Louise. "The roots of terrorism: an overview." In: RICHARDSON, Louise. *The roots of terrorism*. New York: Routledge, 2006, p. 2.

Ao discorrer sobre o terrorismo contemporâneo, Hobsbawm destaca com extrema propriedade:

> Um dos sinais infelizes de barbarização está na descoberta, pelos terroristas, de que, sempre que tenha vulto suficiente para aparecer nas telas do mundo, o assassinato em massa de homens e mulheres em lugares públicos tem mais valor como provocador de manchetes do que todos os outros alvos das bombas, com exceção dos mais célebres e simbólicos[85].

A globalização, enquanto fenômeno "pulverizador" de conhecimento e de inegável desenvolvimento, também contribuiu para o surgimento de inéditos e complexos casos de violência e de criminalidade, os quais podem comprometer a paz e a segurança em nível internacional[86]. Nesse contexto, inegavelmente o terrorismo desponta como um fenômeno recorrente, que, infelizmente, tem se adaptado e evoluído na nova ordem mundial, tendo se tornado um fato complexo[87].

Diante do neoliberalismo, da globalização e de suas consequências na nova realidade social, o "terrorismo moderno" efetivamente se transformou, trazendo novos paradigmas. Dentro desse novo cenário, qualquer pessoa ou pequeno grupo pode praticar uma ação terrorista, não sendo necessário ser um terrorista ou integrar algum grupo[88].

---

85 HOBSBAWM, Eric. *Globalização e terrorismo*. Trad. José Viegas. São Paulo: Companhia das Letras, 2007, p. 131.

86 MATOS, Hermínio Joaquim de. "E Depois de Bin Laden? Implicações Estratégicas no Fenômeno Terrorista Internacional. Uma reflexão." *Politeia*, ano VIII. Lisboa: ISCPSI, 2011, p. 9-38.

87 BARATTA, Alessandro. *Criminología y sistema penal*. Montevideo– Buenos Aires: Editorial B de F, 2004, p. 181-182

88 WOLOSZYN, André Luís. *Terrorismo global: aspectos gerais e criminais*. Porto Alegre: EST Edições, 2009, p. 14.

Em um mundo de instantaneidade e de fluidez de informações, as ações terroristas acabaram sendo alçadas ao centro das atenções da sociedade. O universo globalizado, no qual a informação chega instantaneamente aos destinatários, acaba por desafiar o Direito Penal, sendo a cultura nesse cenário um fator a ser analisado diversamente de como era no passado[89].

Sobre a temática mostra-se interessante apresentar preciso posicionamento de Tangerino, D'Avila e de Salo de Carvalho:

> Se é verdade que não se pode colocar em dúvida a legitimidade da intervenção penal na luta contra o terror, a história recente demonstra que é preciso se preocupar não só com o conceito de terrorismo, mas também, e principalmente, com a forma e os meios utilizados para o seu controle, prevenção e repressão. Isto porque a simples adoção de um modelo Democrático de Estado longe está de ser suficiente para afastar os riscos de abusos e de violações aos direitos humanos[90].

Evidente, pois, a necessidade de o Direito Penal se socorrer de algumas análises na órbita criminológica e cultural, justamente para assim contribuir para uma convivência socialmente adequada[91]. Mesmo porque, conforme lição de Faria Costa, enquanto disciplina ou pensamento articulado "o Direito Penal não é estático, não se remete a uma fossilização dogmática,

---

89 CALLEGARI, André Luís et al. *O crime de Terrorismo: Reflexões críticas e comentários à Lei de Terrorismo: de acordo com a Lei nº 13.260/2016*. Porto Alegre: Livraria do Advogado, 2016, p. 16 e 23.

90 TANGERINO, Davi de Paiva Costa; D'AVILA, Fábio Roberto; CARVALHO, Salo de. "O direito penal na 'luta contra o terrorismo': Delineamentos teóricos a partir da criminalização dos movimentos sociais – o caso do Movimento dos Trabalhadores Rurais Sem-Terra." *Revista Eletrônica da Faculdade de Direito*. Programa de Pós-Graduação em Ciências Criminais da Pontifícia Universidade Católica do Rio Grande do Sul – *PUCRS*. Porto Alegre, vol. 4 – n. 1, p. 1-21 – jan./jun. 2012.

91 CALLEGARI, André Luís et al. *O crime de Terrorismo: Reflexões críticas e comentários à Lei de Terrorismo: de acordo com a Lei nº 13.260/2016*. Porto Alegre: Livraria do Advogado, 2016, p. 16.

procurando, sempre e mais, responder aos desafios que lhe vão sendo colocados pela contemporaneidade".[92]

A identificação dos "atores" por de trás do terrorismo é algo extremamente difícil diante da falta de um padrão único das organizações terroristas. Tal cenário faz com que governantes e pesquisadores tenham grande dificuldade para estabelecer responsabilidades para específicos ataques[93].

Com a propriedade e a clareza que lhe são peculiares, Adriano Moreira ressalta o seguinte:

> a intimidade com o terrorismo global vai sendo aprofundada à medida que o espaço ocidental, objeto prioritário da agressão em curso, recebe sucessivos golpes que atingem, mais do que interesses materiais, a sua confiança nas instituições[94].

O avanço dessas novas ações terroristas e de seus agentes em todo o mundo tem levantado uma questão bastante significativa: como o Direito Penal deve se estruturar em face dessa nova realidade em constante mutação? Tal discussão tem sido intensificada no Direito Internacional, sendo imperioso estudar o fenômeno contemporâneo para que se alcance uma resposta proporcional que normatize, oriente, regule e legitime as medidas de combate ao fenômeno.

Interessante observar que o terrorismo, enquanto problema criminológico de grande dimensão, antes de mais nada, é um problema político, não podendo ser enfrentado apenas por um

---

[92] COSTA, José de Faria. *Noções fundamentais de direito penal (fragmenta iuris poenalis)*. 2. ed. Coimbra: Coimbra, 2010, p. 207.

[93] CRENSHAW, Martha; LAFREE, Gary. *Countering Terrorism*. Washington, D.C.: Brookings Institution Press, 2017, p. 2.

[94] MOREIRA, Adriano. Prefácio. In MOREIRA, Adriano (coord.). *Terrorismo*. 2. ed. Coimbra: Almedina, 2004, p.7.

segmento técnico-governamental, mas sim por toda a sociedade e suas representações[95].

3.1 O "novo terrorismo" e a "velha" dificuldade em conceituar o fenômeno

> The towers of New York collapsed and their collapse precipitated an even greater debacle: the collapse of the myth of America the great power and the collapse of the myth of democracy; people began to understand that American values could sink no lower. The myth of the land of freedom was destroyed, the myth of American national security was smashed and the myth of the CIA collapsed (Osama Bin Laden, "Sermon on the Feast of the Sacrifice", 11 de fevereiro de 2003)[96].

As aproximações teóricas das ciências sociais ao fenômeno do terrorismo são de uma enorme e desconcertante diversidade[97]. Se analisada a sua evolução histórica, serão identificados alguns períodos, iniciados desde os primórdios das organizações

---

95 BARATTA, Alessandro. *Criminología y sistema penal*. Montevideo – Buenos Aires: Editorial B de F, 2004, p. 353.

96 "As torres de Nova York entraram em colapso e seu colapso precipitou um desastre ainda maior: o colapso do mito da América poderosa e o colapso do mito da democracia; a pessoas começaram a notar que os valores americanos não poderiam ficar piores. O mito da terra da liberdade foi destruído, o mito da segurança nacional americana foi destruído e o mito da CIA entrou em colapso" (tradução nossa).

97 MELIÁ, Manuel Cancio. *Los Delitos de Terrorismo: Estructura Típica e Injusto*. Madrid: Reus, 2010, p. 62.

terroristas, passando inevitavelmente pela Revolução Francesa, chegando ao contemporâneo terrorismo religioso radical[98].

A palavra terrorismo teria sua origem no Período do Terror da Revolução Francesa (1793), tendo como expoente Maximilien de Robespierre e a Convenção Nacional, com a instauração do regime do terror como forma de governo[99], levando para a guilhotina cerca de 17 mil pessoas sem direito a defensor, nem a julgamento público[100]. Assim o termo inicialmente se referia ao "terror" operacionalizado pelo próprio Estado através de sua política[101].

Os atentados praticados pelos Anarquistas (ou Niilistas) a partir de 1890 alternam o viés do terrorismo para atos praticados contra o Estado, buscando destruir suas instituições e convenções, transformando o fenômeno em técnica de ação política[102].

Enraizado no "terror jacobino" da Revolução Francesa do século XIX, o terrorismo pode ser considerado um moderno

---

98 SILVA, Lígia Gonçalves. *O Processo de Recrutamento em Organizações Terroristas*. Dissertação de Mestrado em Psicologia das Organizações e do Trabalho. Universidade de Coimbra. Faculdade de Psicologia e de Ciências da Educação, 2012. Disponível em: <https://estudogeral.sib.uc.pt/jspui/bitstream/10316/23432/1/Dissert_mestrado_2012_L%C3%ADgia_concluido.pdf>. Acesso em: 16 set. 2017.

99 BRANT, Leonardo Nemer C.; LASMAR, Jorge Mascarenhas. "O Direito Internacional e Terrorismo Internacional: Novos Desafios à Construção da Paz." In: BRIGAGÃO, Clóvis; PROENÇA JR., Domício. *Paz e terrorismo: textos do Seminário Desafios para a política de segurança internacional*. São Paulo: Hucitec, 2004, p. 179-195.

100 GOMES, Catarina Sá; SALGADO, João. *Terrorismo, a Legitimidade de um Passado Esquecido*. Lisboa: AAFDL, 2005, p. 14.

101 ANGLÍ, Mariona Llobet. In: CALLEGARI, André Luís et al. *O crime de Terrorismo: Reflexões críticas e comentários à Lei de Terrorismo: de acordo com a Lei nº 13.260/2016*. Porto Alegre: Livraria do Advogado, 2016, p. 23.

102 BRANT, Leonardo Nemer C.; LASMAR, Jorge Mascarenhas. "O Direito Internacional e Terrorismo Internacional: Novos Desafios à Construção da Paz." In: BRIGAGÃO, Clóvis; PROENÇA JR., Domício. *Paz e terrorismo: textos do Seminário Desafios para a política de segurança internacional*. São Paulo: Hucitec, 2004, p. 179-195.

fenômeno do século XX, sendo o século XXI o palco da ação mais letal de todos os tempos[103].

Rapoport classifica o terrorismo em quatro etapas, denominadas "ondas" temporais e sistemáticas, cada uma com *modus operandi* distinto, assim como seus objetivos e motivações. Segundo o autor, as ondas[104] podem se sobrepor umas às outras, tendo duração de algumas décadas.

Afora a perfeita classificação de Rapoport, interessante observar que o terrorismo evolui do período doméstico para um verdadeiro fenômeno internacional moderno em 1968, quando do atentado ao avião da companhia El Al sobre o aeroporto de Atenas. A ação perpetrada pela Organização para Libertação da Palestina (OLP) "foi o primeiro ato terrorista fora do país de origem do grupo autor das ações", marcando uma nova amplitude das ações terroristas, apoiadas na aceleração da globalização. Na sequência, graças ao

---

103 BUENO, Sidney Silva. "Apoderamento Ilícito de Aeronaves e Terrorismo." *Revista Brasileira de Ciências Policiai*s. Brasília, DF. Revista da Academia Nacional de Polícia-ANP, v. 3, n. 1, 2012, p. 43-73.

104 O terrorismo anárquico seria a primeira onda (*anarchist wave*), iniciando-se no Império Russo, por volta dos anos 1870 até o pós-Primeira Guerra Mundial (1920). Durante a primeira onda, os anarquistas buscavam destruir a velha Rússia em suas bases, usando a estratégia de assassinatos vinculados ao regime Czarista. A segunda onda (*anti-colonial wave*) teria início por volta de 1920 e seria representada pelo terrorismo anticolonial na África e na Ásia, sendo marcada pela busca pela independência de antigas colônias através de ações de guerrilha em face de forças policiais e militares. O terrorismo de esquerda representaria a terceira onda (*new left wave*), no período de 1960 a 1979, representado pela Guerra Fria e pela disputa do comunismo em face do capitalismo sendo marcada por tomada de aeronaves, assaltos a instituições bancárias, ataques com bombas, e ainda pela morte de centenas de civis. A quarta onda do terrorismo moderno (*religious wave*) resulta de significativos eventos históricos do final da década de 1970, tais como a invasão soviética ao Afeganistão, o início do novo século islâmico e a revolução iraniana. Seria a onda contemporânea, motivada por ações de cunho religioso e pela ascensão de novas organizações, com destaque para os grupos jihadistas, que redefiniram objetivos e metas com base em concepções fundamentalistas. RAPOPORT, David C. *The Four Waves of Modern Terrorism*. Washington: Georgetown University Press, 2004.

desenvolvimento dos meios de comunicação e em face da abertura da agenda internacional e do surgimento de novos canais de interação, o terrorismo internacional evolui para um terrorismo transnacional, com novas e complexas características e desafios[105].

Indiscutivelmente os atentados desencadeados em 11 de setembro de 2001 nos Estados Unidos[106] transformaram de forma decisiva a percepção da América e do mundo, sendo marco diferenciador na Nova Ordem Mundial e da própria história do terrorismo. Os ataques acarretaram significativas mudanças nas agendas e experiências do mundo ocidental, especialmente em suas políticas de segurança e de defesa, que tiveram que evoluir do "terrorismo doméstico" para uma atuação de inteligência preventiva[107]. Até mesmo países sem um grau acentuado de segurança e de tecnologia sentiram-se frágeis diante do ocorrido,

---

105 BRANT, Leonardo Nemer C.; LASMAR, Jorge Mascarenhas. "O Direito Internacional e Terrorismo Internacional: Novos Desafios à Construção da Paz." In: BRIGAGÃO, Clóvis; PROENÇA JR., Domício. *Paz e terrorismo: textos do Seminário Desafios para a política de segurança internacional.* São Paulo: Hucitec, 2004, p. 179-195.

106 "A catástrofe civil abateu-se sobre os EUA. Um rombo entre as fronteiras, entre o civil e o militar, entre a vida nas cidades e a vida nas zonas de guerra. Nº 11/09, nenhum armamento militar foi empregado para causar destruição. Dezenove homens portando apenas estiletes e pequenas facas de cozinha sequestraram quatro aviões comerciais, mataram quase quatro mil pessoas e destruíram dois arranha-céus, cinco prédios comerciais de grande porte, um hotel, uma estação de metrô, um shopping center e um prédio militar [...] Daquele momento em diante, a partir daquele exemplo, tornava-se possível levar pânico, destruição e morte em larga escala usando apenas o que se encontra à disposição na vida civil cotidiana.[...] Não há como se perceber o 11/09 com as lentes e os conceitos das relações internacionais tradicionais." AREND, Hugo. "O 11/9 e Seus Significados Teóricos e Políticos para a Segurança Internacional." In: BORGES, Rosa Maria Zaia; AMARAL, Augusto Jobim do; PEREIRA, Gustavo Oliveira de Lima (Orgs.). *Direitos Humanos do Terrorismo.* Porto Alegre: EDIPUCRS, 2014, v. 1, p. 79-92.

107 MATOS, Hermínio Joaquim de. *Contraterrorismo: o papel da intelligence na acção preventiva e ofensiva.* VII Congresso Nacional de Sociologia. Universidade do Porto, 21 Junho 2012.

seguindo-se uma retomada de debates a respeito do enfrentamento e prevenção do fenômeno[108].

Conforme Hoffman, a dimensão e escala dos atos executados por dezenove sequestradores de aeronaves que de forma voluntária e desarmada se suicidaram e também mataram os passageiros e as tripulações dos quatro aviões que comandaram, bem como as cerca de 3 mil pessoas que trabalhavam ou visitavam o World Trade Center e o Pentágono, ofuscam qualquer coisa vista anteriormente no terrorismo[109].

Com muita propriedade Stevenson destaca que os ataques de 11 de setembro são, na verdade, a linha divisória entre o "novo terrorismo" praticado pela Al-Qaeda e pelo Estado Islâmico, e o "antigo terrorismo" exemplificado por grupos como a Organização de Libertação da Palestina (OLP), o Exército Republicano Irlandês (IRA), o Euskadi ta Askatasuna (ETA). Segundo o autor, "os antigos terroristas procuram negociar; novos terroristas querem apenas expressar sua ira e paralisar o inimigo".[110]

Este novo terrorismo contrasta com a velha dificuldade de conceituação do fenômeno. Mostra-se tarefa de difícil conclusão a definição pacífica e consensual do conceito de "terrorismo" entre os estudiosos, analistas políticos e homens de Estado, existindo variadas abordagens e, consequentemente, numerosa

---

108 WOLOSZYN, André Luís. *Terrorismo global: aspectos gerais e criminais*. Porto Alegre: EST Edições, 2009, p. 11 e 12.

109 HOFFMAN, Bruce. "Rethinking Terrorism and Counterterrorism Since 9/11." In *Journal Studies in Conflict & Terrorism*, vol. 25, n° 5, p. 303-316, 2002. Disponível em: <http://www.tandfonline.com/doi/pdf/10.1080/10576100290 1223?needAccess=true>. Acesso em: 08 set. 2017.

110 STEVENSON, Jonathan. "Pragmatic Counter-terrorism." *Survival*, vol. 43, n° 4, p. 35-48, 2001. Disponível em: <http://www.tandfonline.com/doi/abs/1 0.1080/00396330112331343115>. Acesso em: 22 set. 2017.

e variada legislação internacional[111]. Em recente julgado, discorrendo acerca da extrema dificuldade em âmbito internacional para se definir o tipo penal "terrorismo", o Ministro do Supremo Tribunal Federal Celso de Mello observou com propriedade:

> [...] até hoje, a comunidade internacional foi incapaz de chegar a uma conclusão acerca da definição jurídica do crime de terrorismo, sendo relevante observar que, até o presente momento, já foram elaborados, no âmbito da Organização das Nações Unidas, pelo menos, 13 (treze) instrumentos internacionais sobre a matéria, sem que se chegasse, contudo, a um consenso universal sobre quais elementos essenciais deveriam compor a definição típica do crime de terrorismo ou, então, sobre quais requisitos deveriam considerar-se necessários à configuração dogmática da prática delituosa de atos terroristas[112].

No mesmo julgado o Ministro refere a Convenção Interamericana Contra o Terrorismo realizada em 03/06/2002 em Barbados[113], promulgada no Brasil através do Decreto nº 5.639, de 26 de dezembro de 2005[114], que afasta a natureza política

---

111 GARCIA, Francisco Proença. *Da Guerra e da Estratégia. A nova Polemologia.* Lisboa: Prefácio Editora, 2010, p. 190.

112 BRASIL. Supremo Tribunal Federal. Segunda Turma. Questão de ordem na prisão preventiva para extradição *730/DF*. Requerente: Governo do Peru. Extraditando: Segundo Panduro Sandoval. Relator: Celso de Mello. 16 de dezembro de 2014. Disponível em: <http://www.stf.jus.br/portal/jurisprudencia/listarJurisprudencia.asp?s1=%28TERRORISMO%29%28730%2ENUME%2E+OU+730%2EACMS%2E%29+%28%28CELSO+DE+MELLO%29%2ENORL%2E+OU+%28CELSO+DE+MELLO%29%2ENORV%2E+OU+%28CELSO+DE+MELLO%29%2ENORA%2E+OU+%28CELSO+DE+MELLO%29%2EACMS%2E%29%28SEGUNDA%2ESESS%2E%29&base=baseAcordaos&url=http://tinyurl.com/ybkk6xsq>. Acesso em: 22 set. 2017.

113 32ª Assembleia Geral da OEA.

114 BRASIL. Diário Oficial da União. *Decreto nº 5.639 de 26 de dezembro de 2005.* Promulga a Convenção Interamericana contra o Terrorismo, assinada em Barbados, em 3 de junho de 2002. Disponível em: <http://www.planalto.gov.br/ccivil_03/_ato2004-2006/2005/decreto/d5639.htm>. Acesso em: 13 set. 2017.

do fenômeno e considera que este "constitui uma grave ameaça para os valores democráticos e para a paz e a segurança internacionais e é causa de profunda preocupação para todos os Estados membros". Entretanto, demonstrando a ausência de consenso quanto à conceituação do fenômeno terrorista, na referida Convenção não são definidos os elementos configuradores do crime de terrorismo.

Justamente a "fluidez" do fenômeno ocasiona a adoção de variadas formas de aparição, de naturezas diversas, circunstância que dificulta sobremaneira a existência de conceitos claros e universais, sendo tal tarefa inalcançável em certo aspecto, considerando-se a complexidade imanente à linguagem e ainda a limitação do conhecimento do homem[115].

Comentando a difícil conceituação do fenômeno, Proença Garcia, citando outros renomados autores, assim destaca:

> Autores como Adriano Moreira (1995) e Regina Mongiardim (2004) consideram o terrorismo como um poder político que desenvolve uma capacidade autónoma de decisão e de intervenção, orientada por uma ideologia ou por uma ética que consideram válida, ajustada e legítima. O fenómeno não possui porém todos os atributos de um poder na concepção tradicional, sendo considerado errático, uma vez que carece de uma legalidade objectiva, de instituições universalmente reconhecidas, tem uma natureza dispersa, não possui território, nem população nem orçamento – exactamente o "negativo" do Estado que conhecemos[116].

Importante observar que as tentativas de conceituação não são seguidas nem adotadas pelos principais personagens do

---

115 CALLEGARI, André Luís et al. *O crime de Terrorismo: Reflexões críticas e comentários à Lei de Terrorismo: de acordo com a Lei nº 13.260/2016*. Porto Alegre: Livraria do Advogado, 2016, p. 23-28.

116 GARCIA, Francisco Proença. *Da Guerra e da Estratégia. A nova Polemologia*. Lisboa: Prefácio Editora, 2010, p. 190.

sistema internacional, havendo países que redigiram as suas próprias definições em razão de problemas concretos, mas distintos, com o terrorismo, motivo pelo qual tendem a abordar o fenômeno de forma setorizada[117].

Mesmo porque o terrorismo longe está de ser um fenômeno estático, estando as suas características e particularidades atreladas a fenômenos históricos, culturais, políticos e, mais do que nunca, tecnológicos[118]. Nesse diapasão temos que observar que as ações terroristas constituem, antes de qualquer coisa, um método de ação, não se limitando a uma específica categoria de pessoas, ou grupos, ou mesmo organizações que executam atos, ou das motivações que os assistem[119].

No mesmo sentido, lição de Diniz que afirma que o terrorismo constitui uma etapa de uma sequência de ações e engajamentos que objetiva produzir um fim político desejado, sendo mais bem caracterizado, portanto, como parte de uma estratégia, definida pelo autor como um "estratagema".[120]

Schmid, um dos mais renomados autores no estudo do terrorismo, explica com precisão que existem quatro razões para o fato de não haver uma conceituação geral do fenômeno terrorista:

---

117 GARCIA, Francisco Proença. *Da Guerra e da Estratégia. A nova Polemologia*. Lisboa: Prefácio Editora, 2010, p. 191.

118 LASMAR, Jorge Mascarenhas; SINGH, Rashmi. "Terrorismo Contemporâneo." In: TEIXEIRA Rodrigo Corrêa; RAMOS, Leonardo César Souza (Orgs.). *Conflitos do Século 21*. Belo Horizonte: Fino Traço, 2017, p.49.

119 MATOS, Hermínio Joaquim de. "Contraterrorismo Ofensivo. O 'targeted killing' na eliminação de alvos terroristas: o caso dos EUA e de Israel." In *JANUS.NET e-journal of International Relations*, vol. 3, nº 2, outono 2012. Disponível em: <http://observare.ual.pt/janus.net/pt/component/content/article/66--portugues-pt/v-3-n-2-2012-ooutono/artigos/194-pt-pt_vol3_n2_art7>. Acesso em: 31 jul. 2017.

120 DINIZ, Eugênio. "Compreendendo o fenômeno do terrorismo." In: BRIGADÃO, C.; PROENÇA JR., D. *Paz e terrorismo*. São Paulo: Hucitec, 2004, p. 197-222.

1. O terrorismo é um 'conceito contestado', cujas noções políticas, legais, sociais e populares divergem frequentemente;
2. A questão da definição está ligada à (des)legitimação e à criminalização;
3. Existem vários tipos de terrorismo, com diferentes formas e manifestações;
4. Porque o termo sofreu mudanças de significado nos mais de 200 anos de sua existência[121].

Conforme constatado por Matos, até os presentes dias observamos a impossibilidade de uma conceituação consensual e pacífica do fenômeno e da imprevisibilidade terrorista, fator que desafia a elaboração de estratégias preventivas e repressivas a atos terroristas[122].

Interessante observação de Tatiana Cardoso de que em cada definição buscada para o fenômeno terrorista sempre existe uma conexão com o vocábulo "medo", sendo este o maior recurso das ações terroristas, considerado, pois, uma tática mundializada que pode ser percebida por toda comunidade internacional. Ainda segundo a autora, a sociedade contemporânea experimenta o "medo", sob a égide do terrorismo transnacional, embora

> a perplexidade e a indignação causadas por esse tipo de ação têm suas origens ainda nos tempos mais remotos da história,

---

[121] 1. Because terrorism is a "contested concept" and political, legal, social science and popular notions of it are often diverging; 2. Because the definition question is linked to (de)legitimisation and criminalisation;3. Because there are many types of "terrorism", with different forms and manifestations;4. Because the term has undergone changes of meaning in the more than 200 years of its existence. SCHMID, Alex. "Terrorism – The Definitional Problem. Case Western." *Reserve Journal of International Law*, 36, 2004, p. 395. Disponível em: <http://scholarlycommons.law.case.edu/jil/vol36/iss2/8.>. Acesso em: 02 set. 2017.

[122] MATOS, Hermínio Joaquim de. "Contraterrorismo e contrarradicalização: mitigar ou exacerbar da violência?" In *JANUS 2014, Anuário de Relações Exteriores*, UAL, 16 (Junho). Disponível em: <http://janusonline.pt/images/anuario2014/3.26_HerminioMatos_Contraterrorismo.pdf>. Acesso em: 31 jul. 2017.

perpassando pelos atos estritamente domésticos, bem como aqueles considerados internacionais[123].

Não temos neste trabalho a ambição de atingir uma definição de conceito sobre o fenômeno. Muitos estudos trataram do terrorismo, em variadas perspectivas (sociológica, polemológica, psicológica e jurídica), sem que se chegasse a uma definição consensual sobre o fenômeno. Assim, adotaremos neste livro a moderna e coerente definição de Matos, que servirá decisivamente para o objeto desta pesquisa:

> [...] uma técnica de acção usada contra alvos humanos, selectivos ou indiscriminados, através de meios especialmente violentos, ou a efectiva ameaça do seu uso, ou especificamente contra alvos não humanos, como infra-estruturas físicas, críticas ou simbólicas, instilando um clima de terror e de insegurança que afecta não só os alvos primários, as suas vítimas directas, como também os seus alvos potenciais, coagindo indirectamente, desse modo, a acção de governos ou organizações e influenciando a opinião pública a favor da prossecução dos seus objectivos políticos, ideológicos, criminais ou religiosos[124].

A dificuldade de conceituação do fenômeno é compatível, infelizmente, com o seu inquestionável avanço, conforme bem referido por Lasmar e Singh[125], autores que apresentaram recente divulgação do Institute for Economics and Peace, intitulado

---

123 CARDOSO, Tatiana de Almeida Freitas R. "A mundialização do terrorismo: a (re)definição do fenômeno após o 11 de Setembro." In: BORGES, Rosa Maria Zaia; AMARAL, Augusto Jobim do; PEREIRA, Gustavo Oliveira de Lima (Orgs.). *Direitos Humanos e Terrorismo*. Porto Alegre: EDIPUCRS, 2014, v. 1, p. 128-154.

124 MATOS, Hermínio Joaquim de. "E Depois de Bin Laden? Implicações Estratégicas no Fenômeno Terrorista Internacional. Uma reflexão." *Politeia*, ano VIII. Lisboa: ISCPSI, 2011, p. 9-38.

125 LASMAR, Jorge Mascarenhas; SINGH, Rashmi. "Terrorismo Contemporâneo". In: TEIXEIRA Rodrigo Corrêa; RAMOS, Leonardo César Souza (Orgs.). *Conflitos do Século 21*. Belo Horizonte: Fino Traço, 2017, p.52.

"*Global Terrorism Index*"[126]. Referido levantamento evidencia o incremento das ações terroristas em mais de nove vezes desde o ano 2000. Tal incremento resulta da diversidade de valores e ainda de técnicas associativas em relação aos terroristas[127].

Justamente no aspecto da diversidade de valores e de técnicas, entendemos perfeita, pois, a reflexão de Proença Garcia, ao destacar que "os novos combatentes da Jihad estão auto--convencidos que os seus actos imorais de violência são morais, mas, de modo nenhum desafiam a lógica moderna de padrões da sua mentalidade".[128]

---

126 INSTITUTE FOR ECONOMICS & PEACE. *Global Terrorism Index 2016*. Disponível em: <http://visionofhumanity.org/app/uploads/2017/02/Global--Terrorism-Index-2016.pdf>. Acesso em: 26 ago. 2017.

127 ZUHUR, Sharifa. A hundred Osamas: Islamist Threats and the future of counter-insurgency. Carlisle: Strategic Studies Institute, 2005, p. 10-11 apud GARCIA, Francisco Proença. *Da Guerra e da Estratégia. A nova Polemologia*. Lisboa: Prefácio Editora, 2010, p. 195.

128 GARCIA, Francisco Proença. *Da Guerra e da Estratégia. A nova Polemologia*. Lisboa: Prefácio Editora, 2010, p. 195.

3.2 A disseminação de ações e ideologias extremistas e de radicalização violenta por meio da Internet e das redes sociais – O novo terrorismo, a quinta onda terrorista e o cibercalifado

> I say to you: that we are in a battle, and that more than half of this battle is taking place in the battlefield of the media[129].

Efeito colateral da política ocidental antiterror e da evolução atual dos movimentos radicalizados do islã político, observa-se o significativo avanço do terrorismo islâmico em determinados locais, ligados ao Islamismo Político Radical[130]. A "quinta onda de terrorismo" vinculada a grupos radicais e de diferenciado fanatismo, legitimada por princípios e interpretações religiosas, tem aterrorizado o mundo contemporâneo[131].

Essa nova vaga do terrorismo, conforme lição de Matos, acarreta elevadas baixas, provocadas com o novo *modus operandi* das

---

[129] "Eu digo a você: que estamos em uma batalha e que mais da metade dela está ocorrendo no campo de batalha da mídia" (tradução nossa). A carta de al-Zawahiri a al-Zarqawi é datada de 9 de julho de 2005. O conteúdo foi divulgado pelo Escritório do Diretor de Inteligência Nacional em 11 de outubro de 2005, somente após garantias de que nenhuma inteligência em curso ou operações militares seriam afetadas ao tornar este documento público. Disponível em <http://www.globalsecurity.org/security/library/report/2005/zawahiri-zarqawi-letter_9jul2005.htm>.

[130] LASMAR, Jorge Mascarenhas; SINGH, Rashmi. "Terrorismo Contemporâneo." In: TEIXEIRA Rodrigo Corrêa; RAMOS, Leonardo César Souza (Orgs.). *Conflitos do Século 21*. Belo Horizonte: Fino Traço, 2017, p.52-54.

[131] SILVA, Lígia Gonçalves. *O Processo de Recrutamento em Organizações Terroristas*. Dissertação de Mestrado em Psicologia das Organizações e do Trabalho. Universidade de Coimbra. Faculdade de Psicologia e de Ciências da Educação, 2012. Disponível em: <https://estudogeral.sib.uc.pt/jspui/bitstream/10316/23432/1/Dissert_mestrado_2012_L%C3%ADgia_concluido.pdf>. Acesso em: 16 set. 2017.

organizações e com a imprevisibilidade da sua ocorrência[132]. A nova onda do terror teria como característica marcante a grande utilização dos meios de comunicação e das mídias sociais para divulgação, promoção, recrutamento, orientação e treinamento de combatentes por parte das organizações terroristas contemporâneas[133].

O terrorismo contemporâneo se utiliza fortemente das redes de comunicação social para fins variados, circunstância que tem alimentado debates na comunidade internacional e abarca justamente a problemática envolvendo a disseminação de ações ou de ideologias extremistas e de radicalização violenta através da Internet e das redes sociais[134], bem como a sua correta interpretação e aplicação.

A análise da atual literatura expõe um vazio de pesquisas acerca da conexão entre o entendimento teórico e as implicações práticas das mídias sociais quando exploradas por ativistas políticos, bem como a eficácia das estratégias existentes para gerenciar esse crescente desafio[135]. Podemos estender essa lacuna

---

132 MATOS, Hermínio Joaquim de. *Terrorismo & Contraterrorismo: Sistemas de Segurança Interna.* Casal de Cambra: Caleidoscópio, 2016, p. 169-170.

133 GONÇALVES, Joanisval Brito; REIS, Marcus Vinícius. *Terrorismo: Conhecimento e Combate.* Niterói: Impetus, 2017, p. 61-62.

134 Interessante artigo de Koschade trata do desenvolvimento da análise de redes sociais nos campos de inteligência e do contraterrorismo, e apresenta um quadro para a análise de redes terroristas de pequena escala (células) através da análise da célula da Jemaah Islamiyah (JI) que atuou em Bali, na Indonésia, em 2002. "Existe uma área dentro das ciências sociais que visa compreender exatamente como grupos de indivíduos operam e consequentemente, como eles se comportam. Esta área é a análise da rede social, uma forma metodológica de análise que funde a matemática, antropologia, psicologia e sociologia." KOSCHADE, Stuart. "A Social Network Analysis of Jemaah Islamiyah: The Applications to Counterterrorism and Intelligence." *Studies in Conflict & Terrorism,* vol. 29, p. 559-575, Carseldine: Routledge, 2006.

135 NEWNHAM, Jack; BELL, Peter. "Social Network Media and Political Activism: a Growing Challenge for Law Enforcement." *Journal of Policing, Intelligence and Counter Terrorism,* vol. 7, nº 1, abr. 2012, p. 36-50.

à recente, e cada vez maior, exploração das redes sociais por organizações terroristas.

Através da rede mundial, pequenos grupos e até indivíduos isoladamente podem causar danos ainda mais dolorosos do que as ações terroristas antes vivenciadas. Interessante observar que o terrorismo contemporâneo, muito mais que derrotar o inimigo, busca primordialmente enviar e publicizar uma mensagem, tendo o ato e a vítima normalmente um significado simbólico. "O terrorismo é de fato a arma dos fracos", uma tática em um esforço de chamar atenção[136].

Interessante, pois, analisar a estratégia estritamente comunicacional da ação terrorista[137], através da busca do estabelecimento de um verdadeiro diálogo de terror (ou a própria promoção do terror) com finalidade efetivamente política ou ideológica[138].

Já em 2004, Adriano Moreira alertava para a exploração dos meios de comunicação por parte de organizações terroristas e para a necessidade de reformulação dos conceitos delimitadores das intervenções das forças de segurança:

> O terrorismo, em vez de enfrentar os exércitos, ataca brutalmente as populações inocentes para quebrar o pilar da confiança que as liga ao poder legítimo, explora os meios de comunicação social do adversário que potenciam os efeitos dissolventes dos atentados, tendo por alvo também os tempos

---

136 RICHARDSON, Louise. *What terrorists want: understanding the enemy, containing the threat.* New York: Random House, 2006, p. 4 e 5.

137 CANCIO MELIÁ, Manuel. *Los Delitos de Terrorismo: estrutura típica e injusto.* Madrid: Reus, 2010, p. 68.

138 CALLEGARI, André Luís et al. O *crime de Terrorismo: Reflexões críticas e comentários à Lei de Terrorismo: de acordo com a Lei nº 13.260/2016.* Porto Alegre: Livraria do Advogado, 2016, p. 32.

que permitam a transmissão em directo, como aconteceu com os atentados de 11 de setembro e de 11 de março[139].

Nesta pesquisa, ao buscarmos antigas e históricas práticas de publicidade e de informação, acabamos por encontrar uma preciosidade histórica que a nosso ver explica a opção contemporânea das organizações terroristas pela imprensa e pela mídia. Em 1964, a Editora Militar do Ministério da Defesa da antiga União Soviética publicou livro com o título *Guerra e Luta Ideológica*, de autoria do Coronel I. A. Seleznev[140]. A preciosa obra, e aqui não pretendemos trazer à baila discussão ideológica, se mostra um repositório de informações para os antigos líderes da União Soviética e aborda basicamente depoimentos de fontes do antigo regime justamente sobre a importância e o uso da propaganda no campo da guerra psicológica.

Conforme o autor já destacava em 1964, a propaganda exerce um efeito imediato no pensamento e no espírito, promovendo uma determinada alteração de opiniões, de convicções originais e de princípios que orientam os indivíduos na prática dos respectivos atos. O livro destaca que o aperfeiçoamento das técnicas de propaganda abriu possibilidades à luta ideológica em tempos de guerra e de paz, tendo a imprensa papel considerável no campo social, sendo importante instrumento para influenciar as massas[141].

Talvez não por acaso, seguindo a doutrina soviética, as organizações jihadistas fazem uso sofisticado da imprensa e do

---

139 MOREIRA, Adriano. Prefácio. In MOREIRA, Adriano (coord.). *Terrorismo*. 2. ed. Coimbra: Almedina, 2004, p.9.

140 Trata-se de uma obra com tiragem de apenas 7 mil exemplares, publicada para limitadíssimo círculo de oficiais e funcionários do Partido.

141 SELEZNEV, I. A. *Guerra e Luta Ideológica – Concepções Soviéticas sobre a Guerra Psicológica*. Trad. Pantaleão Soares de Barros. Brasília, DF: Sistema Nacional de Informações, 1979, p. 115, 116, 130, 131.

vídeo desde a guerra contra a União Soviética travada no Afeganistão. Conforme detalham Stern e Berger, os jihadistas desde a década de 1980 já produziam material (revistas em cores, palestras em cassetes, programas de debate em estilo televisivo). Vídeo de propaganda da Al-Qaeda, lançado em 2001 com o título *The State of the Ummah*, trazia "propaganda requintadamente produzida" que definiu o grupo para os meios de comunicação ocidentais, servindo justamente como incitamento ideológico, como recrutamento e ainda como suporte para apologistas[142].

A nosso ver, tem-se no jihadismo uma espécie de adaptação e modernização das lições do antigo regime soviético no que tange à importância da imprensa e das técnicas de propaganda na luta ideológica. Interessante observar que a globalização e a renovação tecnológica foram acompanhadas e compreendidas pelas organizações terroristas.

Se em 1976 Laqueur já destacava que o ato terrorista em si nada é sem o apoio da publicidade e que "os meios de comunicação são os melhores amigos dos terroristas"[143], a Internet acabou por fornecer os meios para a globalização do terrorismo, permitindo que hoje se consiga, de qualquer local do planeta, acessar sites de grupos radicais, ler e assistir a inúmeras propagandas contra o Ocidente e até mesmo se comunicar com esses grupos[144].

Antigo membro da CIA, Berntsen alerta para dois papéis primários da Internet nas organizações criminosas, quais sejam a propaganda, para espalhar a sua mensagem e chamar outros

---

142 STERN, Jessica; BERGER, J.M. *Estado Islâmico, Estado de Terror*. Rio Tinto: Vogais, 2015, p. 129-130.

143 LAQUEUR, Walter. "The futility of Terrorism." *Harper's Magazine*, mar. 1976, p. 99-104.

144 RICHARDSON, Louise. *What terrorists want: understanding the enemy, containing the threat*. New York: Random House, 2006, p. 134.

para a ação ("*local cells of Islamic extremists*") e, ainda a segurança da comunicação entre os seus membros[145].

Matéria jornalística da rede americana Fox News[146], em 2010, apontava relatório do Departamento de Segurança Interna alertando que grupos terroristas, notadamente Al-Qaeda e Estado Islâmico, já usavam o Facebook como uma porta de entrada para sites extremistas e outros conteúdos radicais on-line, utilizando páginas de grupos e fóruns de discussão. No mesmo relatório era destacado o compartilhamento de informações operacionais e táticas, tais como receitas de bombas, manutenção e uso de AK-47, tática de tiro, dentre outros e, em especial, a utilização da mídia para propaganda terrorista e mensagens ideológicas extremistas.

O novo terrorismo opera através da combinação de antigas práticas com as mais avançadas e modernas tecnologias da informação e de comunicação do mundo globalizado e informatizado, o que facilita decisivamente a difusão de propaganda política, o recrutamento de voluntários, a obtenção de recursos e a coordenação dos grupos operativos.[147]

Daí a importância crescente de compreender como as redes terroristas contemporâneas funcionam e as recentes e modernas estratégias e táticas que usam para alcançar seus objetivos. A grande popularidade das redes sociais é sobremaneira útil para as organizações terroristas. Em 2015, a Internet ultrapassou as formas convencionais de mídia, como livros,

---

145 BERNTSEN, Gary. *Human intelligence, counterterrorism, and national leadership: a practical guide*. Washington, D.C.: Potomac Books, 2008, p. 52-53.

146 WINTER, Jana. *Al-Qaeda Looks to Make New 'Friends'* – on Facebook. Fox News, 09 Jan. 2010. Disponível em: <www.foxnews.com/tech/2010/12/09/facebook-friends-terror>. Acesso em: 28 ago. 2017.

147 FRAGA IRIBARNE, Manuel. "El terrorismo hoy." In: MOREIRA, Adriano (coord.). *Terrorismo*. 2. ed. Coimbra: Almedina, 2004, p.179.

revistas e televisão, transformando-se na principal plataforma de pesquisa e entretenimento, e apresentando facilidade de uso e baixo (ou nenhum) custo. O mundo virtual ajuda os terroristas a entrarem nas casas de milhões de pessoas. Mais do que isso, os meios de comunicação social permitem que os terroristas personalizem sua mensagem para específicos nichos de audiência, radicalizando "on-line" pessoas que não são muçulmanas devotas.[148]

Interessante apresentar rápida descrição de três "gigantes" das redes sociais efetivamente utilizados pelas organizações terroristas contemporâneas: Facebook, Twitter e YouTube (tradução nossa):

> Essas ferramentas também são as ferramentas de mídia sociais mais amplamente utilizadas em suas respectivas categorias: o Facebook é um site de "redes sociais"; Twitter cai na categoria "microblogging"; e YouTube sendo uma ferramenta de "compartilhamento de vídeos". Embora cada ferramenta tenha um uso primário diferente, uma evolução poderosa nas mídias sociais tem sido a propensão para uma maior integração[149].

Sobre a temática, indispensável e perfeita observação de Matos:

---

[148] WEIMANN, Gabriel. *Social Media's Appeal to Terrorists – Insite Blog on Terrorism and Extremism*, Oct. 3, 2014. Disponível em: <http://news.siteintelgroup.com/blog/index.php/entry/295-social-media's-appeal-to-terrorists>. Acesso em: 19 ago. 2017.

[149] "These tools are also the most widely used social media tools in their respective categories: Facebook being a 'social networking' site; Twitter falling into the 'micro-blogging' category; and YouTube being a 'video sharing' tool. While each tool has a different primary use, a powerful evolution in social media has been its propensity for increased integration." NEWNHAM, Jack; BELL, Peter. "Social Network Media and Political Activism: a Growing Challenge for Law Enforcement." *Journal of Policing, Intelligence and Counter Terrorism*, vol. 7, nº 1, abr. 2012, p. 36-50.

É o caso da Al-Qaeda e grupos ou organizações com ela conexos que, embora professando uma ideologia, um sistema de crenças e uma visão do mundo consentânea com o regresso aos primórdios do Islão, não abdica dos meios e vantagens concedidos pelo fenómeno da globalização e os avanços tecnológicos das sociedades ocidentais em benefício dos seus objectivos estratégicos e performance operacional, logrando preservar ainda, desse modo, alguma centralização do poder de decisão e uma descentralização horizontal ao nível da execução das acções terroristas[150].

A Al-Qaeda[151] soube compreender os benefícios da tecnologia da comunicação, que permite a disseminação fácil de informações. A organização provou ser muito hábil em usar a Internet e outros processos tecnológicos para criar um espaço de comunicação[152]. Membros da organização estiveram em contato usando e-mail, salas de bate-papo, sites, telefones por satélite e até mesmo usando *software* de criptografia para proteger suas comunicações[153], constituindo em um exército recrutado virtualmente[154].

---

150 MATOS, Hermínio Joaquim de. "Contraterrorismo e contrarradicalização: mitigar ou exacerbar da violência?" In *JANUS 2014, Anuário de Relações Exteriores, UAL*, 16 (Junho). Disponível em: <http://janusonline.pt/images/anuario2014/3.26_HerminioMatos_Contraterrorismo.pdf>. Acesso em: 31 jul. 2017.

151 Al-Qaeda em árabe significa "a base", ou "a fundação". "Nome dado a uma campanha islâmica fundamentalista internacional compreendida por células colaborativas e independentes que juntas proclamam pela mesma causa, de reduzir a influência externa sobre assuntos islâmicos." CRETELLA NETO, José. *Terrorismo Internacional: Inimigo sem rosto – combatente sem pátria*. Campinas: Millennium, 2008, p. 266.

152 ASAL, Victor; NUSSBAUM, Brian; HARRINGTON, D. William. *Terrorism and Transnacional Advocacy. Terrorism as Transnational Advocacy: An Organizational and Tactical Examination*. Studies in Conflict & Terrorism, vol. 30, p. 15-39. New York: Routledge 2007.

153 MANNES, Aaron. *Profiles in terror: A Guide to Middle East Terrorist Organizations*. Lanham: Rowman & Littlefield Publishers, 2004, p. 33.

154 MATOS, Hermínio Joaquim de. "E. Depois de Bin Laden? Implicações Estratégicas no Fenómeno Terrorista Internacional. Uma reflexão." *Politeia*, ano VIII. Lisboa: ISCPSI, 2011.

Sageman, um dos autores contemporâneos especializados em redes terroristas, adota uma abordagem psicológica ao tratar da adesão voluntária a redes terroristas. O autor elabora uma interessante engenharia reversa da rede, de baixo para cima, e conclui que, diferentemente da concepção comum, as redes terroristas geralmente se formam em uma espécie de maneira orgânica da amizade e de outras relações, e não como resultado de uma abordagem que ele classifica como "*top down*", sendo fortemente controladas. Ainda na esteira do autor, o desenvolvimento da Internet alterou fortemente a estrutura e a dinâmica da ameaça do terrorismo islâmico, transformando as interações terroristas[155].

Ao longo do tempo, os grupos terroristas adaptaram seu foco. Em uma carta sem data ao líder do Talibã, Mullah Omar, o então líder da Al-Qaeda, Osama bin Laden, observava que "90 por cento da preparação para a guerra é um uso efetivo da mídia". A Al-Qaeda tem há muito defendido *ghazwa ma'lumatiyya* ("operações de informação") e *harb electroniyya* ("guerra eletrônica")[156].

Ayman al-Zawahiri, sucessor de Bin Laden, compartilhou esse ponto de vista. Ao falar da "jihad da lança" e da "jihad do bayan" (mensagem), ele considerou o último mais importante, tendo elogiado os "cavaleiros da mídia jihad", os "mujahideen clandestinos", que o conduzem. Al-Zawahiri praticou o que

---

155 SAGEMAN, Marc. *Leaderless Jihad. Terror Networks in Twenty-First Century*. Pennsylvania: University of Pennsylvania Press, 2008, p. 187.
156 ALARID, Maeghin. "Recruitment and Radicalization: The Role of Social Media and New Technology." In HUGHES, Michelle; MIKLAUCIC, Michael (eds.). *Impunity: Countering Illicit Power in War and Transition*. Washington: Center for Complex Operations, 2016, p. 313-329. Disponível em: <http://cco.ndu.edu/Portals/96/Documents/Impunity/Impunity%20FINAL%20for%20Web.pdf>. Acesso em: 29 ago. 2017.

pregou, informando suas declarações em vários vídeos e revistas postadas on-line[157].

Nesse contexto, depois de a Al-Qaeda transnacionalizar o terrorismo e estender o alcance de seus ataques para fora das regiões de conflito, o Estado Islâmico modernizou ainda mais essa prática, fazendo uso sofisticado da Internet[158].

Dentre as organizações terroristas atuais o Estado Islâmico tem, mais do que qualquer outra, atuado fortemente nas redes sociais, diferentemente do Talibã, que era totalmente refratário à tecnologia moderna. A organização adapta e desenvolve estratégias e narrativas de propaganda de acordo com o público-alvo, através de técnicas altamente profissionais com robusto volume de publicações no intuito de inundar a mídia e as redes sociais[159].

A organização adotou a utilização de filmes com cenas brutais, filmados com alta tecnologia, fazendo a divulgação em links em diversos tamanhos e formatos, percebendo que a violência

---

157 LONG, Jerry Mark; WILNER, Alex. "Delegitimizing al-Qaida: Defeating an 'Army Whose Men Love Death'." International Security 39, nº 1 (Summer 2014). In: ALARID, Maeghin. Recruitment and Radicalization: The Role of Social Media and New Technology. In HUGHES, Michelle; MIKLAUCIC, Michael (eds.). *Impunity: Countering Illicit Power in War and Transition*. Washington: Center for Complex Operations, 2016, p. 313-329. Disponível em: <http://cco.ndu.edu/Portals/96/Documents/Impunity/Impunity%20FINAL%20for%20Web.pdf>. Acesso em: 29 ago. 2017.

158 Sobre a "evolução da propaganda por grupos terroristas", Stern e Berger destacam que, até a morte de Osama bin Laden (2011), a propaganda da Al--Qaeda era baseada em documentos "entediantes" sobre as posições da organização. A Al-Qaeda no Iraque foi mais além, realçando sequências de combate, explosões e ataques de franco-atiradores, ainda com baixa qualidade de imagens. STERN, Jessica; BERGER, J.M. *Estado Islâmico, Estado de Terror*. Rio Tinto: Vogais, 2015, p. 131-133.

159 FONSECA, Guilherme Damasceno; LASMAR, Jorge Mascarenhas. *Passaporte para o Terror: os voluntários do Estado Islâmico*. Curitiba: Appris, 2017, p. 178.

bárbara atrai olhares e gera propaganda revertida em futuros recrutamentos[160].

Sobre o Estado Islâmico[161] e a sua meteórica ascensão, Stern e Berger[162] apresentam importantes detalhes, que passam pela figura de Abu Musab al-Zarqawi[163]:

> O mundo acordou para a ameaça do Estado Islâmico no verão de 2014, mas a história não começou aí.
>
> O que conhecemos hoje como Estado Islâmico nasceu da mente de Abu Musab al-Zarqawi, um brutamontes jordano transformado em terrorista, que conferiu uma abordagem particularmente brutal e sectária ao seu conhecimento da jihad.
>
> Muitos e variados fatores contribuíram para a ascensão do Estado Islâmico, mas as suas raízes encontram-se em al-Zarqawi e na invasão do Iraque, em 2003, que lhe forneceu um objetivo.

---

160 MCCANTS, William. *The ISIS Apocalypse: the history, strategy, and doomsday vision of the Islamic State*. New York: Picador, 2016, p.42 e 43.

161 Mesmo comparado com a Al-Qaeda, o Estado Islâmico seria mais forte que qualquer outro grupo jihadista na história mundial, sendo a organização muito mais brutal, ao ponto de a própria Al-Qaeda tentar persuadir o EI a mudar suas ações e táticas. Além disso, o Estado Islâmico seria o grupo terrorista mais rico do mundo, tendo ainda uma potência de fogo e um controle de território em muito superiores a outras organizações jihadistas. SEKULOW, Jay; SEKULOW, Jordan; ASH, Robert W; FRENCH, David. *Rise of ISIS: a threat we can't ignore*. New York: Howard Books, 2014, p. 8-9.

162 "A campanha de terror começou com a decapitação, em 2004, do empresário Nicolas Berg, que fora capturado pela Al-Qaeda no Iraque (AQI). Foi realizada em frente às câmeras pelo líder do grupo, Abu Musab al-Zarqawi, e atraiu a atenção internacional. Ao contrário do vídeo de Foley, al-Zarqawi foi filmado a realizar toda a decapitação com uma faca; a imagem não foi interrompida. O ato não foi rápido; demorou vários e insuportavelmente longos segundos a completar." STERN, Jessica; BERGER, J.M. *Estado Islâmico, Estado de Terror*. Rio Tinto: Vogais, 2015, p. 24.

163 Ahmad Fadhil Nazzal al-Kalaylah, nascido em Zarqa (Jordânia). Como vários jihadistas, assumiu um nome de guerra baseado em seu local de origem (Abu Musab al-Zarqawi). Era um beduíno, nascido em família relativamente pobre, que integrava uma poderosa tribo. Teria sido um aluno medíocre que abandonou a escola precocemente. STERN, Jessica; BERGER, J.M. *Estado Islâmico, Estado de Terror*. Rio Tinto: Vogais, 2015, p. 35.

[...] Passou grande parte do tempo a trabalhar em newsletters jihadistas no Afeganistão e, do outro lado da fronteira, no Paquistão. Embora este possa parecer um começo humilde para alguém que sonhava com o combate, o seu contacto com os meios de comunicação social jihadistas viria a revelar-se útil mais tarde[164].

Apenas para ilustrar a promoção da causa pelo grupo por meio da tecnologia, merece registro divulgação via Twitter ocorrida antes da Copa do Mundo de Futebol de 2014, em que o Estado Islâmico filmou uma partida de futebol de seus membros em que as cabeças decepadas de seus opositores serviam como bolas[165].

O recente sucesso do ISIS em declarar um Estado Islâmico tem atraído milhares de novos "recrutados" de todas partes do mundo, que querem "se juntar à batalha antes do apocalipse final", sendo o estabelecimento do califado um sinal para os islamitas do iminente final dos tempos. Da mesma forma os seguidores da organização, através dos seus *tweets*, vídeos de propaganda e afirmações, reverenciam a proximidade do Dia do Julgamento, que trará a morte dos infiéis e a ressurreição dos justos[166].

A ascensão do Estado Islâmico tem relação direta com a política do Médio Oriente, tendo a organização buscado inspiração em algo que já existe. A sua "genialidade" é oferecer aos

---

164 STERN, Jessica; BERGER, J.M. *Estado Islâmico, Estado de Terror*. Rio Tinto: Vogais, 2015, p. 35 e 36.

165 IACCINO, Ludovica. *Isis Insurgents Tweet Picture of Beheaded Man: 'This is our ball. It's made of skin #WorldCup'*. Disponível em: <http://www.ibtimes.co.uk/isis-insurgents-tweet-picture-beheaded-man-this-our-ball-its-made-skin-worldcup-1452643>. Acesso em: 09 ago. 2017.

166 BECK, Glenn. *It is About Islam: Exposing the Truth About ISIS, Al Qaeda, Iran, and the Caliphate*. New York: Threshold Editions/Mercury Radio Arts, 2015, p. 21-27.

jovens voluntários um enquadramento narrativo em que supostamente estão a atingir as suas aspirações[167].

As atrocidades cometidas pelo Estado Islâmico são quase instantaneamente vistas pela sociedade por meio das redes sociais (Facebook, YouTube e outros), e mesmo em situações de extrema violência, nas quais se tenta censurar a divulgação de imagens, as redes sociais acabam por ludibriar qualquer controle. Além de disseminar o medo entre os inimigos, o conteúdo divulgado por terroristas via redes sociais acaba tendo forte teor propagandístico, buscando fazer proselitismos entre possíveis seguidores[168].

O Estado Islâmico, no início de sua existência, soube compreender o proveito de usar a tecnologia de redes sociais e *videogames* para radicalizar o maior número possível de pessoas em todas as regiões da Terra e obter recrutas para expandir o califado. O uso de novas tecnologias e mídias sociais é sem precedentes e diverso de tudo visto anteriormente em um grupo terrorista. Sua campanha de marketing é realmente impressionante, e está acontecendo em grande escala[169].

Conforme Ali, o ISIS tem demonstrado ser capaz de postar em torno de 90 mil *tweets* por dia para difundir suas ideias e imagens, fazendo com que as redes sociais (Twitter, Facebook e

---

167 ROY, Olivier. *Who are the new Jihadis?* 13 abr. 2017. Disponível em: <https://www.theguardian.com/news/2017/apr/13/who-are-the-new-jihadis>. Acesso em: 19 ago. 2017

168 NAPOLEONI, Loretta. *A Fênix Islamista: o Estado Islâmico e a reconfiguração do Oriente Médio*. Tradução Milton Chaves de Almeida. 2. ed. Rio de Janeiro: Bertrand Brasil, 2015, p. 70.

169 ALARID, Maeghin. "Recruitment and Radicalization: The Role of Social Media and New Technology." In HUGHES, Michelle; MIKLAUCIC, Michael (eds.). *Impunity: Countering Illicit Power in War and Transition*. Washington: Center for Complex Operations, 2016, p. 313-329. Disponível em: <http://cco.ndu.edu/Portals/96/Documents/Impunity/Impunity%20FINAL%20for%20Web.pdf>. Acesso em: 29 ago. 2017.

outras) enfrentem um verdadeiro dilema em decorrência desta difusão virtual da causa[170].

A notoriedade da organização resulta do "*the management of savagery*", ou "marketing da selvageria", tratado jihadista que influenciou fortemente a estratégia do Estado Islâmico e que conquista audiência global através de poderosa e inédita mistura de ideais utópicos com uma carnificina chocante, que resulta em manipulação e recrutamento[171].

Destaca-se que "o grupo direciona sua retórica para atingir o tipo de insatisfação que prevalece em cada região" por meio de "técnicas modernas de captação de recursos e divulgação digital".[172] Mais do que isso o, ISIS optou por uma verdadeira "terceirização midiática" através da Internet. Assim, até pessoas que não são membros efetivos do grupo disseminam as suas manifestações oficiais (*crowdsourcing*)[173].

Napoleoni observa que o mundo virtual moderno pode produzir novas práticas "irracionais e bárbaras" e que "o crescente número de seguidores ao redor do mundo, pessoas induzidas a abraçar a prática da violência pela propaganda do Estado Islâmico, confirma o caráter fascinador global da sua mensagem".[174]

---

170 ALI, Mah-Rukh. *ISIS and propaganda: how ISIS Exploits Women*. Reuters Institute for the Study of Journalism. Oxford: University of Oxford, 2015, p. 10.

171 STERN, Jessica; BERGER, J.M. *Estado Islâmico, Estado de Terror*. Rio Tinto: Vogais, 2015, p. 25 e 144.

172 FONSECA, Guilherme Damasceno; LASMAR, Jorge Mascarenhas. *Passaporte para o Terror: os voluntários do Estado Islâmico*. Curitiba: Appris, 2017, p. 182 e 183.

173 BARRETT, Richard. *The Islamic State*. The Soufan Group. 2014. Disponível em: <http://soufangroup.com/wp-content/uploads/2014/10/TSG-The--Islamic-State-Nov14.pdf>. Acesso em: 29 ago. 2017.

174 NAPOLEONI, Loretta. *A Fênix Islamista: o Estado Islâmico e a reconfiguração do Oriente Médio*. Tradução Milton Chaves de Almeida. 2. ed. Rio de Janeiro: Bertrand Brasil, 2015, p. 71.

Matérias e estudos bastante recentes já apontam o surgimento de um "cibercalifado", tamanha a disseminação pela rede internacional e pelas redes sociais dos ideais terroristas do Estado Islâmico e do seu efeito recrutador e multiplicador[175]. Interessante, no entanto, referir divergência dos estudiosos quanto ao grau de influência da Internet no recrutamento, havendo entendimentos de se tratar de uma ferramenta iniciadora, e, de outra banda, um agente colaborador ou ratificador de inclinações preexistentes[176].

Dentro da dinâmica de promoção do terrorismo e de suas implicações, Stern e Berger alertam para o fato de que as redes sociais e a Internet têm papel determinante na decisão de um potencial combatente estrangeiro e ainda nas suas ações[177], estimando-se que até 2014 o Estado Islâmico tenha atraído para suas "fileiras" 12.000 (doze mil) combatentes estrangeiros, sendo 2.220 (dois mil e duzentos) oriundos da Europa (sem contar aliados e simpatizantes no exterior)[178].

Como destacado por Alarid, quando alguém é atraído pelas redes sociais de grupos terroristas, um dos próximos passos é justamente a pesquisa acerca das bandeiras e objetivos desses grupos. Consequentemente, e em sentido oposto, ocorre a detecção dessa pessoa interessada pelos grupos radicais, pois a Internet facilita essa localização através da identificação de

---

175 CORREIA, Gonçalo. "O Estado Islâmico e a Internet: onde e como eles recrutam." *Observador*. Disponível em: <http://observador.pt/2015/11/20/o-estado-islamico-e-a-internet-onde-e-como-recruta/>. Acesso em: 18 ago. 2017.

176 ALMEIDA, Débora de Souza de et al. *Terrorismo: Comentários artigo por artigo, à Lei 13.260/2016; Aspectos Criminológicos e Político-Criminais.* Salvador: Juspodivm, 2017, p.38.

177 STERN, Jessica; BERGER, J.M. *Estado Islâmico, Estado de Terror*. Rio Tinto: Vogais, 2015, p.101-115.

178 AHMARI, Sohrab. *Inside the Mind of the Western Jihadist*. Disponível em: <https://www.wsj.com/articles/sohrab-ahmari-inside-the-mind-of-the-western-jihadist-1409352541>. Acesso em: 19 ago. 2017.

eventual doação financeira, de pesquisa e de *download* de propaganda extremista, de entradas em salas de bate-papo jihadistas ou de visitas a páginas radicais no Facebook[179].

Atualmente são observados numerosos exemplos do processo de radicalização, desde o interesse ao recrutamento, até a execução real de uma missão, ocorrendo totalmente on-line:

> Radicalizar e recrutar on-line tem grandes vantagens em relação às comunicações públicas tradicionais (e mais arriscadas). Os grupos terroristas podem chegar a uma grande audiência incalculável. Sem necessidade de viagens, o custo é mínimo, não é necessário suporte logístico ou de transporte, e as probabilidades de detecção são baixas. E os recém-radicalizados não precisam necessariamente arrumar e dirigir-se para o Oriente Médio – os grupos jihadistas incentivam ataques em casa para evitar o risco de infiltração durante a viagem.
> O limite para se envolver na jihad cibernética é marcadamente menor do que para alguém que abandona uma vida familiar e confortável para viajar para uma zona de batalha real e arriscar a morte ou a captura. Se a noção de ativismo on-line como uma forma adequada, respeitável e suficiente de jihad ganha ampla aceitação em círculos radicais, podemos esperar esforços cada vez maiores em propaganda on-line e ataques cibernéticos. Isso poderia inspirar ainda mais indivíduos, facilitando a radicalização e o recrutamento e levando a um novo ciclo de ataques[180].

---

179 ALARID, Maeghin. "Recruitment and Radicalization: The Role of Social Media and New Technology". In HUGHES, Michelle; MIKLAUCIC, Michael (eds.). *Impunity: Countering Illicit Power in War and Transition*. Washington: Center for Complex Operations, 2016, p. 313-329. Disponível em: <http://cco.ndu.edu/Portals/96/Documents/Impunity/Impunity%20FINAL%20for%20Web.pdf>. Acesso em: 29 ago. 2017.

180 "Radicalizing and recruiting online has great advantages over the traditional (and riskier) public communications. Terrorist groups can reach out to an incalculably vast audience. With no travel required, cost is minimal, no logistics or transportation support is needed, and the odds of detection are low. And the newly radicalized need not necessarily pack up and head for the Middle East-jihadi groups encourage attacks at home to avoid the risk of infiltration while traveling. The threshold for engaging in cyber jihad is markedly lower than for someone

Nessa busca, o ISIS lança uma ampla rede de propaganda pela Internet e depois checa quem está respondendo com *retweets*, *likes* e outros apoios aos seus materiais on-line. Percebendo que os apoios, pelo menos nos estágios iniciais, atendem às necessidades, atraem os potenciais recrutas para o grupo, sendo inegável a crescente presença e apoio *on-line* para grupos terroristas no Iraque e na Síria, especialmente entre os jovens[181].

Com extrema propriedade Napoleoni destaca o poder degenerativo da propaganda do terrorismo, em especial do Estado Islâmico, no ambiente virtual:

> Essa mutação dos efeitos da propaganda clássica causada pelas atrocidades itinerantes de organizações armadas representa uma ameaça sem igual para os países ocidentais. Assim como os improvisados homens-bomba dos primeiros anos de 2000, os degoladores alfabetizados pelas cartilhas virtuais do faça--o-mal-você-mesmo dos dias atuais são difíceis de identificar e localizar, pois não pertencem a nenhum grupo terrorista

---

who gives up a familiar, comfortable life to travel to an actual battle zone and risk death or capture. If the notion of online activism as a proper, respectable, and sufficient form of jihad wins wide acceptance within radical circles, we can expect ever-increasing efforts in online propaganda and cyber attacks. This could further inspire yet more individuals, facilitating both radicalization and recruitment, and lead to a new cycle of attacks." ALARID, Maeghin. "Recruitment and Radicalization: The Role of Social Media and New Technology." In HUGHES, Michelle; MIKLAUCIC, Michael (eds.). *Impunity: Countering Illicit Power in War and Transition*. Washington: Center for Complex Operations, 2016, p. 313-329. Disponível em: <http://cco.ndu.edu/Portals/96/Documents/Impunity/Impunity%20FINAL%20for%20Web.pdf>. Acesso em: 29 ago. 2017.

181 SPECKHARD, Anne; SHAJKOVCI, Ardian; YAYLA, Ahmet S. "Defeating ISIS on the Battle Ground as well as in the Online Battle Space: Considerations of the 'New Normal' and Available Online Weapons in the Struggle Ahead." *Journal of Strategic Security* 9, n°4, 2016. Disponível em: <http://scholarcommons.usf.edu/jss/vol9/iss4/2>. Acesso em: 29 ago. 2017.

consagrado, de vida relativamente longa, e sua radicalização nasceu da gestação de apenas alguns cliques do mouse[182].

Ademais, as disseminações de ações ou de ideologias extremistas e de radicalização violenta constituem

> fenómenos amplamente potenciados pelo generalizado acesso a tecnologias de informação e comunicação, que permitem consolidar, à escala global, não só os objectivos e ideologia, como também a eficácia operativa do terrorismo jihadista global[183].

Observa-se dentro da nova tendência tecnológica terrorista a significativa participação de terroristas com um novo perfil. Assim, indivíduos mais impulsivos e menos conhecedores das reais demandas e ambições das organizações passam a agir sem uma conexão direta. Menos ideológicos, esses "novos terroristas" muitas vezes são motivados por fatores e aspectos pessoais como tendências violentas, problemas psicológicos, espírito de aventura ou ainda por fatores sociais como marginalização e exclusão social.

Nesse aspecto, podemos também destacar os atos de *home-grown*, executados por indivíduos autorradicalizados que são inspirados na ideologia de um grupo estrangeiro, mas sem o conhecimento deste grupo e nem o seu controle. Nesse caso os recursos e as informações são normalmente transmitidos justamente através das redes sociais e outras fontes de Internet[184].

---

182 NAPOLEONI, Loretta. *A Fênix Islamista: o Estado Islâmico e a reconfiguração do Oriente Médio.* Tradução Milton Chaves de Almeida. 2. ed. Rio de Janeiro: Bertrand Brasil, 2015, p. 71.

183 MATOS, Hermínio Joaquim de. "Contraterrorismo e contrarradicalização: mitigar ou exacerbar da violência?" In *JANUS 2014,* Anuário de Relações Exteriores, *UAL,* 16 (Junho). Disponível em: <http://janusonline.pt/images/anuario2014/3.26_HerminioMatos_Contraterrorismo.pdf>. Acesso em: 31 jul. 2017.

184 CRENSHAW, Martha; LAFREE, Gary. *Countering Terrorism.* Washington, D.C.: Brookings Institution Press, 2017, p. 74.

Inevitável, pois, a observação da alteração do perfil terrorista em recentes ações perpetradas[185], notando-se uma maior participação de mulheres e de jovens em eventos, além de estrangeiros (*foreign fighters*), lobos solitários[186], os quais a nosso ver são resultado do maior acesso à informação por meio da Internet e das redes sociais, e da divulgação de material de cunho radical por essa plataforma, fator que tem ocasionado um rápido processo de radicalização via propaganda, transformando pessoas aparentemente pacíficas e alheias ao extremismo em defensores e radicais terroristas.

Nesse contexto Napoleoni observa que, para muitos jovens do Ocidente, "unir-se à jihad ou aos seus rebeldes é uma aventura, uma espécie de colônia de férias militar", salientando que "esses são os mais perigosos, pois não possuem qualquer tipo

---

[185] NINIO, Marcelo. "Elo de matador de Orlando com Estado Islâmico é vago, afirma FBI." Disponível em: <http://www1.folha.uol.com.br/mundo/2016/06/1781404-elo-de-matador-de-orlando-com-estado-islamico-e-vago-afirma-fbi.shtml>

[186] "Recente pesquisa sobre terroristas do tipo lobo solitário e que conta com experiência de caso revisada e interpretada através da lente da teoria psicanalítica, conclui que a mente do lobo solitário tem em sua base uma estrutura patologicamente narcisista, na qual predominam modos de pensamento primitivos. A capacidade de forjar fatos normais e relacionamentos de objetos é gravemente prejudicada, como evidenciada por uma falha na manutenção de relacionamentos significativos com um parceiro ou colegas. As relações com os outros são narcisicamente conduzidas, a autoimagem do lobo solitário alimentada por fantasias onipotentes e grandiosas enquanto enxerga as outras pessoas como objetos a serem denegridos ou destruídos. Isso reflete um mundo interno primitivo. Embora o lobo solitário possa conscientemente expressar racionalização ideológica para sua violência direcionada, sua indignação moral é a projeção inconsciente de insatisfação pessoal que defende contra déficits no raciocínio moral e no funcionamento do superego e, em alguns casos, contra a descompensação psicótica." MELOY, J. Reid; YAKELEY, Jessica. "The Violent True Believer as a 'Lone Wolf' – Psychoanalytic Perspectives on Terrorism." *Behavioral Sciences and the Law. Behav. Sci. Law* 32: 347-365, 02 abr. 2014.

de compaixão pela população local e nenhuma compreensão do sofrimento com que ela padece".[187]

Sobre a radicalização on-line, imperioso mencionar recente artigo de Halverson e Way que afirma justamente que as mídias sociais e a Internet mudaram fundamentalmente a forma como as pessoas interagem e participam dos movimentos sociais, incluindo grupos extremos e radicais. Os mesmos autores ainda destacam a alarmante confluência das novas mídias e dos indivíduos marginalizados que procuram encontrar significado e propósito em um universo social e cultura que eles entendem não lhes dar nenhum valor. A radicalização pode ainda derivar do descontentamento de indivíduos excluídos das oportunidades e benefícios mais amplos da sociedade, seja por tragédia, classe, etnia ou desvantagem psicológica[188].

Esse novo perfil demonstra que as ideologias nem sempre servem de prévio indicador de uma estratégia em implementação, parecendo algumas vezes dissociada da tática do grupo e servindo unicamente como uma justificativa retrospectiva da violência[189]. É indiferente para o EI se os perturbados, os vulneráveis, os rebeldes sem causa (aqueles que se voluntariam para morrer) têm pouca relação ou identidade com o movimento, sendo importante que as suas ações suicidas façam parte da narrativa global do grupo[190], tendo o Estado Islâmico conquistado

---

187 NAPOLEONI, Loretta. *A Fênix Islâmista: o Estado Islâmico e a reconfiguração do Oriente Médio*. Tradução Milton Chaves de Almeida. 2. ed. Rio de Janeiro: Bertrand Brasil, 2015, p. 91.

188 HALVERSON, Jeffry R.; WAY, Amy K. "The curious case of Colleen LaRose: Social margins, new media, and online radicalization." *Media, War & Conflict* 5(2) 139-153, 2012.

189 DOLNIK, Adam. *Understanding Terrorist Innovation. Technology, Tactics and Global Trends*. Oxon: Routledge, 2007, p 148.

190 ROY, Olivier. *Who are the new Jihadis?* 13 abr. 2017. Disponível em: <https://www.theguardian.com/news/2017/apr/13/who-are-the-new-jihadis>. Acesso em: 19 ago. 2017.

área até então impenetrável para outras organizações – o expansivo mundo das redes sociais[191].

Percebe-se, pois, a perigosa influência que as redes sociais e a Internet podem desempenhar no processo de propaganda, motivação, radicalização, recrutamento e treinamento de novos agentes do terror. Tal risco é alertado por Sageman, autor que com maestria afirma que o processo de radicalização gerado por poucos indivíduos em um ambiente hostil, em âmbito local e restrito, mas conectados pela Internet, também conduz a uma Jihad desconectada de sua liderança ou comando. Ocorre que esses pequenos grupos, com uma visão de ódio contra o Ocidente, também cometem atos terroristas sem coordenação ou supervisão superior, seguindo a visão fundamentalista do Islã[192].

Atualmente, observam-se significativas vitórias militares contra o Estado Islâmico do Iraque e o Levante (ISIS), sendo que desde 2014 estima-se que o grupo perdeu cerca de 45% do seu território no Iraque e 10% na Síria. As campanhas militares continuam a diminuir a capacidade do grupo de exercer controle total sobre grandes territórios no Iraque e na Síria e sobre sua base de associados geral, bem como sua capacidade de se financiar através da venda de petróleo, antiguidades, escravos e através da tributação e extorsão de pagamentos pecuniários de sua população civil. Entretanto, o ISIS mantém um sólido contingente de combatentes estrangeiros, ainda sob seu controle, que representam ameaça terrorista para o Ocidente e um sério risco para a estabilidade regional no Oriente Médio. Também mantém uma impressionante presença nas mídias sociais que

---

191 STERN, Jessica; BERGER, J.M. *Estado Islâmico, Estado de Terror*. Rio Tinto: Vogais, 2015, p. 155.

192 SAGEMAN, Marc. *Leaderless Jihad. Terror Networks in Twenty-First Century*. Philadelphia: University of Pennsylvania Press, 2008, p. 143-146.

ressoa com muitos voluntários militantes jihadistas em todo o mundo, em particular terroristas domésticos que o ISIS às vezes dirige, e outras vezes apenas inspira[193].

Independentemente do destino do Estado Islâmico, suas conquistas e seus métodos terão ramificações em longo prazo para outros grupos extremistas que poderão implementar suas táticas sobre o marketing da utopia, da propaganda inovadora e da manipulação inédita das redes sociais[194].

Conforme destacado por Weiss e Hassan após dezenas de entrevistas com elementos associados ao Estado Islâmico e que operaram na organização em variados setores, o que atrai pessoas para o ISIS poderia facilmente levá-las a outras formas de cultos ou de movimentos totalitários, mesmo aqueles que são ideologicamente contraditórios ao jihadismo. Ou seja, a atração decorre de uma sofisticada publicidade que oferece oportunidades para uma gama de pessoas, inclusive oportunistas[195].

Nesse paradoxo, entendemos que o "exemplo de sucesso" do Estado Islâmico e a sua forma de marketing podem vir a proliferar para outras organizações terroristas.

---

193 SPECKHARD, Anne; SHAJKOVCI, Ardian; YAYLA, Ahmet S. "Defeating ISIS on the Battle Ground as well as in the Online Battle Space: Considerations of the 'New Normal' and Available Online Weapons in the Struggle Ahead." *Journal of Strategic Security* 9, nº4, 2016. Disponível em: <http://scholarcommons.usf.edu/jss/vol9/iss4/2>. Acesso em: 29 ago. 2017.

194 STERN, Jessica; BERGER, J.M. *Estado Islâmico, Estado de Terror*. Rio Tinto: Vogais, 2015, p. 28-30.

195 WEISS, Michael; HASSAN, Hassan. *ISIS Inside the Army of Terror*. New York: Regan Arts. 2015, p.153-169.

4. O Terrorismo, o Estado democrático e a necessidade de obediência e respeito a princípios

> En tanto mandados de optimización, los princípios son normas que ordenan algo sea realizado en la mayor medida posible, de acuerdo con las posibilidades jurídicas y fácticas. Esto significa que pueden ser satisfechos en grados diferentes y que la medida ordenada de su satisfacción depende no solo de las posibilidades fácticas sino jurídicas, que están determinadas no solo por reglas sino también, esencialmente, por los principios opuestos[196].

Os atentados de 11 de setembro de 2001 resultaram em clara mudança de direção das prioridades dos sistemas penais ocidentais. Observou-se uma expansão do poder estatal na luta contra o terrorismo, resultando em um importante debate científico acerca do difícil equilíbrio entre a segurança nacional e a defesa dos direitos humanos na luta contra o terrorismo em

---

[196] "Enquanto mandatos de otimização, os princípios são normas que determinam que algo seja feito na maior medida do possível, de acordo com as possibilidades jurídicas e fáticas. Isso significa que eles podem ser satisfeitos em diferentes graus e que a medida de sua satisfação depende não apenas das possibilidades fáticas, mas também das legais, que são determinadas não apenas por regras, mas também, essencialmente, por princípios opostos" (tradução nossa). ALEXY, Robert. *El concepto y la validez del derecho.* 2. ed. Barcelona: Gedisa, 1997, p. 162.

Estados democráticos. Debate-se em que medida e extensão um Estado democrático poderia restringir direitos e liberdades fundamentais dos cidadãos[197].

Ao discorrer sobre o 11 de setembro e o novo terrorismo, Stevenson destaca que a consequência de tais ataques é a revelação para o mundo da crueldade e do perigo que os terroristas representam, circunstância que resultou na mobilização da opinião pública mais ampla contra o terrorismo de todos os tipos. O autor ressalta que inclusive os americanos, que foram sugestionáveis sobre quem eles consideram "terroristas" em oposição aos *freedom fighters* (combatentes da liberdade), passaram a apoiar substanciais reduções de liberdades civis para diminuir suas vulnerabilidades[198].

A partir do 11 de setembro de 2001, das explosões de trens em Madri em 11 de março de 2004, e também em razão dos atentados contra o sistema de transporte público de Londres em 07 de julho de 2005, novas respostas começaram a ser discutidas, tais como a criação de leis específicas e limitadoras dos direitos de agentes terroristas, que permitissem um maior poder do Estado em nome da segurança.

Ocorre que atualmente as leis antiterror são vistas com muita preocupação na medida em que podem atingir a dignidade da pessoa humana. Outra crítica é a limitação e eventual violação dos direitos de associação e da própria liberdade de expressão[199].

---

197 MASFERRER, Aniceto. *Estado de derecho y derechos fundamentales en la lucha contra el terrorismo una aproximación multidisciplinar (histórica, jurídico-comparada, filosófica y económica)*. Editor Aniceto Masferrer. Pamplona: Thomson Reuters, 2011, p. 191-245.

198 STEVENSON, Jonathan. "Pragmatic Counter-terrorism." *Survival*, vol. 43, nº 4, p. 35-48, 2001. Disponível em: <http://www.tandfonline.com/doi/abs/10.1080/00396330112331343115>. Acesso em: 22 set. 2017.

199 CARDOSO, Tatiana de Almeida Freitas R. "A mundialização do terrorismo: a (re)definição do fenômeno após o 11 de Setembro." In: BORGES, Rosa Maria Zaia;

Inegavelmente o terrorismo se mostra como um dos aspectos mais graves da criminalidade violenta contemporânea ao fragilizar a segurança estatal e ainda atingir direitos e liberdades individuais, em especial por conta da reação dos Estados, comumente por meio de ações restritivas de liberdade civis que invariavelmente atingem ou podem atingir direitos humanos fundamentais.

Nesse contexto várias legislações acabam muitas vezes apenas externando uma reação violenta do sistema repressivo, através de governantes que não hesitam em violar as constituições com incriminações vagas e indeterminadas, restrições à liberdade, exorbitantes penas e tribunais de exceção. Do endurecimento do sistema policial-judiciário resulta, em vários países, uma repressão ilimitada e exagerada[200].

Comentando o cenário internacional contemporâneo das legislações antiterroristas, Tatiana Cardoso alerta para o risco de estarem os países, ao invés de coibindo a prática de atentados terroristas, promovendo e disseminando o Direito Penal do Inimigo, semeando ainda mais os sentimentos antiamericanistas pelo globo e fomentando mais atos de barbárie (tanto transnacionais como domésticos)[201].

Os custos da mera existência da ameaça terrorista na verdade já são o triunfo do terrorismo, pois conseguem aterrorizar a população. Daí resulta a aceitação de certas restrições de

---

AMARAL, Augusto Jobim do; PEREIRA, Gustavo Oliveira de Lima (Orgs.). *Direitos Humanos e Terrorismo*. Porto Alegre: EDIPUCRS, 2014, v. 1, p. 128-154.

200 FRAGOSO, Heleno Cláudio. *Terrorismo e criminalidade política*. Rio de Janeiro: Forense, 1981, p.115-123.

201 CARDOSO, Tatiana de Almeida Freitas R. "A mundialização do terrorismo: a (re)definição do fenômeno após o 11 de Setembro." In: BORGES, Rosa Maria Zaia; AMARAL, Augusto Jobim do; PEREIRA, Gustavo Oliveira de Lima (Orgs.). *Direitos Humanos e Terrorismo*. Porto Alegre: EDIPUCRS, 2014, v. 1, p. 128-154.

liberdades pelos cidadãos e na violação de direitos humanos pelos governos, através de medidas antiterroristas desproporcionalmente restritivas, injustas e ineficazes. Tais medidas, ou respostas governamentais contra o terror, nem sempre respeitaram a legalidade e os direitos humanos, havendo episódios em países como França, Espanha, Alemanha e Reino Unido de violação de garantias fundamentais[202].

A utilização das redes sociais e da Internet tem impactado fortemente a dinâmica, o *modus operandi* e a complexidade do terrorismo transnacional, servindo de meio para o recrutamento e financiamento de grupos. Tal cenário torna ainda mais complicada a adoção de políticas e de ações efetivas de combate ao terrorismo[203], aumentando ainda o risco de restrição a direitos fundamentais através do agravamento do aparato repressivo normativo.

Nesse contexto, merece análise a discussão travada na Operação Hashtag, relacionada ao sentido do verbo "promover", contido na novel lei antiterror editada no Brasil, tendo sido esse o principal enquadramento legal dos envolvidos. O debate travado no âmbito jurídico e acadêmico girou em torno da postagem de vídeos, fotos, mensagens, livros e demais materiais alusivos e em exaltação aos grupos terroristas em redes sociais. Tal prática deveria ser caracterizada como "promoção da organização terrorista" ou seria necessária a execução de atos concretos que ultrapassassem o plano teórico e da liberdade de expressão?

---

202 FORTEA, Francisco Javier Jiménez. In MASFERRER, Aniceto. *Estado de derecho y derechos fundamentales en la lucha contra el terrorismo una aproximación multidisciplinar (histórica, jurídico-comparada, filosófica y económica)*. Editor Aniceto Masferrer. Pamplona: Thomson Reuters, 2011, p. 611-630.

203 LASMAR, Jorge Mascarenhas; SINGH, Rashmi. "Terrorismo Contemporâneo." In: TEIXEIRA, Rodrigo Corrêa; RAMOS, Leonardo César Souza (Orgs.). *Conflitos do Século 21*. Belo Horizonte: Fino Traço, 2017, p. 55-56.

Entendemos que a resposta mais adequada à questão passa, inexoravelmente, por uma abordagem dos princípios da taxatividade (ou da determinação taxativa) e da proibição da proteção deficiente, bem como pela aproximação destes princípios ao tipo penal objeto da discussão. Nesse ponto que se encontra a proposta da presente investigação. O tema proposto é bastante atual e controverso no cenário internacional, contribuindo, pois, sua análise, para um melhor posicionamento sobre a matéria.

Segundo o inigualável Ruy Barbosa:

> poucas importâncias dão, em geral, os nossos publicistas às questões de princípios. Mas os princípios são tudo. Os interesses materiais da nação movem-se de redor deles, ou por melhor dizermos, dentro neles[204].

Pois os princípios, enquanto enunciações normativas de valor genérico, acabam por condicionar e orientar o entendimento do ordenamento jurídico, sendo fundamentais para a sua aplicação e integração e ainda na elaboração de novas normas, conforme exposto pelo notório jurista brasileiro Miguel Reale:

> Como se vê, e é salientado por Josef Esser, enquanto são princípios, eles são eficazes independentemente do texto legal. Este, quando os consagra, dá-lhes força cogente, mas não lhes altera a substância, constituindo um jus prévio e exterior à lex[205].

Dentro da importância aos princípios, a prevenção, a investigação e a posterior responsabilização de agentes terroristas, como brilhantemente afirmado por Valente, deve

---

204 OLIVEIRA, Ruy Barbosa de, apud SOUZA, Augusto Barbosa. *A evolução do direito*. São Paulo: Linear, 2005, p. 247.

205 REALE, Miguel. *Lições Preliminares de Direito*. 25ª. ed. São Paulo: Saraiva. 2001, p. 286 e 287.

se legitimar na própria essência do Estado, ao qual cumpre desenvolver e prosseguir tarefas fundamentais à vigoração de uma democracia fundada em um dos valores mais nobres e caros à história da humanidade – o respeito à dignidade da pessoa humana[206].

O renomado autor defende a necessidade de criação de mecanismos para a prevenção do terrorismo, destacando que, justamente pela sua "especial perigosidade", deve ser fundamento de restrição de direitos, regendo-se sob os ditames do direito democrático:

> A sociedade democrática, como medida de sobrevivência, não pode tolerar que valores como a vida e a integridade física sejam sacrificados por terceiros que se arrogam dos seus direitos constitucionais para cometer actos destrutivos do próprio homem[207].

Ainda de acordo com Valente, cabe ao Estado, por meio da atuação das forças de segurança, a prevenção da criminalidade e a proteção da vida, da integridade e da propriedade do cidadão, promovendo assim, justamente, a defesa dos direitos pessoais, sociais, culturais e econômicos das pessoas,[208] devendo haver equilíbrio, evitando-se respostas governamentais contra o terror que desrespeitem a legalidade e os direitos humanos.

---

206 VALENTE, Manuel Monteiro Guedes. "Terrorismo – Fundamento de restrição de Direitos." In: MOREIRA, Adriano (coord.). *Terrorismo*. 2. ed. Coimbra: Almedina, 2004, p.426 456-457.

207 VALENTE, Manuel Monteiro Guedes. ibidem, loc. cit.

208 Idem. *Teoria Geral do Direito Policial*. 3. ed. Coimbra: Almedina, 2012, p.109-110.

4.1 Princípio da taxatividade

[...] para reconhecer uma vida civilizada, é preciso aceitar o interdito, a lei, pois a civilização necessita de limites para os instintos agressivos a fim de manter suas manifestações de controle[209].

Estado democrático e princípio da legalidade[210] são conceitos diretamente relacionados, pois "que num verdadeiro Estado de Direito, criado com a função de retirar o poder absoluto das mãos do soberano, exige-se a subordinação de todos perante a lei"[211].

Merece registro que a Constituição Federal brasileira de 1988, adotando o modelo de Estado de Direito, consagra expressamente o princípio da legalidade em seu art. 5º, II, referindo que "ninguém será obrigado a fazer ou deixar de fazer alguma coisa senão em virtude de lei" e ainda no art. 5º, XXXIX, que "não há crime sem lei anterior que o defina, nem pena sem prévia cominação legal".

O Ministro Gilmar Ferreira Mendes, ao comentar a Constituição Federal, refere-se às origens históricas da legalidade:

> [...] no primeiro quartel do século XIX, a Constituição Imperial de 1824 incorporou o postulado liberal de que todo o Direito deve expressar-se por meio de leis. Essa ideia inicial de "Império da Lei", originada dos ideários burgueses da

---

209 CALLEGARI, André Luís et al. *O crime de Terrorismo: Reflexões críticas e comentários à Lei de Terrorismo: de acordo com a Lei nº 13.260/2016*. Porto Alegre: Livraria do Advogado, 2016, p. 176.

210 "É induvidoso que o princípio da legalidade, posto como garantia individual, é de inspiração iluminista, constitui norma fundamental de direito penal, com gabarito constitucional, nos regimes democráticos liberais instaurados a partir de fins do século XVIII." SCHMIDT, Andrei Zenkner. *O princípio da legalidade penal no Estado Democrático de Direito*. Porto Alegre: Livraria do Advogado, 2001, p. 30.

211 GRECO, Rogério. *Curso de Direito Penal – Parte Geral*. 4ª. ed. Rio de Janeiro: Impetus, 2004, p. 104.

Revolução Francesa, buscava sua fonte inspiradora no pensamento iluminista, principalmente em Rousseau, cujo conceito inovador na época trazia a lei como norma geral e expressão da vontade geral (*volonté générale*).

[...] a generalidade de origem e de objeto da lei (Rousseau) e sua consideração como instrumento essencial de proteção dos direitos dos cidadãos (Locke) permitiu, num primeiro momento, consolidar esse então novo conceito de lei típico do Estado Liberal, expressado no art. 4º da Declaração de Direitos de 1789: 'A liberdade consiste em poder fazer tudo o que não prejudica ao outro. O exercício dos direitos naturais de cada homem não tem mais limites que os que asseguram a outros membros da sociedade o gozo desses mesmos direitos. Estes limites somente podem ser estabelecidos pela lei'.[212]

Importante ainda destacar lição de Welzel no sentido de que a missão do Direito Penal em um ambiente de convivência social é de "amparar os valores elementares da vida da comunidade".[213] Justamente para amparar e resguardar esses valores, surge a necessidade de definir o delito através uma conceituação legal[214].

Assim, partimos da definição de Muñoz Conde de que "tipicidade é adequação de um fato cometido à descrição que dele se faz na lei penal" e de que "por imperativo do princípio da legalidade, em sua vertente do *nullum crimen sine lege*, só os fatos tipificados na lei penal como delitos podem ser considerados como tal".[215]

---

212 MENDES, Gilmar Ferreira e RUFINO DO VALO, André. Comentários ao art. 5º, II. In: CANOTILHO, J. J. Gomes; MENDES, Gilmar Ferreira; SARLET, Ingo Wolfgang; STRECK, Lenio Luiz (coords.). *Comentários à Constituição do Brasil*, São Paulo: Saraiva/Almedina, 2013. p. 243.

213 WELZEL, Hans. *Derecho Penal – Parte Generale*. Trad. Fontán Balestra. Buenos Aires: Depalma, 1956, p.1.

214 Registre-se que não é foco desse trabalho analisar as variadas correntes do conceito analítico de delito (bipartida, tripartida ou quadripartidas).

215 CONDE, Francisco Muñoz. *Teoria Geral do Delito*. Tradução Juarez Tavares e Luiz Regis Prado. Porto Alegre: Fabris, 1988, p. 41.

Imperioso ainda destacar Beccaria, que categoricamente estabelece que "só as leis podem decretar as penas dos delitos, e esta autoridade só pode residir no legislador, que representa toda a sociedade unida por um contrato social"[216].

Assim, conforme brilhantemente apresentado por Zaffaroni, "o tipo pertence à lei enquanto a tipicidade pertence à conduta". Tipo é a fórmula legal que permite averiguar a tipicidade da conduta[217].

Indiscutível que a exigência de clareza e certeza da lei é indispensável para "evitar formas diferenciadas, e, pois, arbitrárias na sua aplicação, ou seja, para reduzir o coeficiente de variabilidade subjetiva na aplicação da lei".[218] Dentro desse contexto que se observa claramente a importância do princípio da legalidade e sua inafastabilidade na esfera do Direito Penal, evitando, pois, qualquer afronta ao Estado de direito democrático, impedindo a atuação discricionária no plano da justiça penal[219].

Ao discorrer sobre o princípio da legalidade, com perfeita propriedade Figueiredo Dias observa que ele "preserva um dos fundamentos essenciais do Estado de Direito, enquanto põe a justiça penal a coberto de suspeitas e de tentações de parcialidade e arbítrio", favorecendo ainda a confiança da comunidade na incondicional objetividade da administração da justiça penal[220].

---

216 BECCARIA, Cesare. *Dos delitos e das penas*. São Paulo: Martins Fontes, 1991, p.44.

217 ZAFFARONI, Eugenio Raúl; PIERANGELI, José Henrique. *Manual de Direito Penal Brasileiro*. São Paulo: RT, 1997, p. 446 e 447, 1956, p. 1.

218 LUISI, Luiz. *Os princípios constitucionais penais*. 2. ed. Porto Alegre: Sergio Antonio Fabris Editor, 2003, p. 24.

219 VALENTE, Manuel Monteiro Guedes. *Processo Penal – Tomo I*. 3. ed. Coimbra: Almedina, 2010, p. 208.

220 DIAS, Jorge de Figueiredo. Direito Processual Penal (lições coligidas por Maria João Antunes). Coimbra, 1988-1989, p. 95 apud VALENTE, Manuel Monteiro Guedes. *Processo Penal – Tomo I*. 3. ed. Coimbra: Almedina, 2010, p. 209.

No âmbito do Direito Penal o princípio da legalidade, conforme lição de Mantovani, resulta em outros três: a) a reserva legal; b) a determinação taxativa; e, c) a irretroatividade da lei penal[221].

Nosso objetivo, partindo de ensinamento de Ferrajoli, é seguir um pouco além do axioma da mera legalidade, também chamada legalidade formal (lei em sentido estrito, escrita, formalmente válida e ainda anterior ao fato).

Buscamos neste trabalho chegar à reserva absoluta da lei (legalidade estrita ou material), "que exige todas as demais garantias como condições necessárias da legalidade penal". Enquanto o princípio convencionalista de mera legalidade é uma norma dirigida aos juízes, aos quais prescreve que considera como delito qualquer fenômeno livremente qualificado como tal na lei, o princípio cognitivo de legalidade estrita é uma norma metalegal dirigida ao legislador, a quem prescreve uma técnica específica de qualificação penal, idônea a garantir, com a taxatividade dos pressupostos da pena, a decidibilidade da verdade dos seus enunciados[222].

Partindo do princípio da estrita legalidade enquanto reserva absoluta de lei, deve-se avaliar se o legislador brasileiro observou clareza e exatidão legislativa na formulação e edição da Lei nº 13.260/2016, ou seja, se o princípio da determinação taxativa, ou princípio da taxatividade, foi observado, pois, conforme Dotti, "as leis penais, e de maneira ainda mais importante as

---

221 MANTOVANI, Ferrando apud CARLOMAGNO, Fernando. *O Princípio da Legalidade ou da Reserva Legal no Direito Penal*. Disponível em: <http://www.buscalegis.ufsc.br/revistas/files/anexos/11523-11523-1-PB.htm>. Acesso em: 26 ago. 2017.

222 FERRAJOLI, Luigi. *Direito e Razão: Teoria do Garantismo Penal*. Trad. Ana Paula Zomer Sica et al. 4. ed. São Paulo: Revista dos Tribunais, 2010, p. 93.

de natureza incriminadora devem ser 'claras e o mais possível certas e precisas'".[223]

Toda vez que as normas aproximarem-se o máximo possível dos fatores elencados, realizar-se-á a observância da taxatividade dentro de um ordenamento jurídico-penal. Trata-se, pois, de uma limitação ao legislador no que tange à elaboração de tipos penais contando com expressões ambíguas, vagas e que possam resultar em entendimentos diversos. Mais do que limitar o legislador, o princípio acaba por exigir a sua qualificação e competência na medida em que deve fazer uso de técnica correta, linguagem rigorosa e uniforme[224].

Observa-se ainda que o respeito ao princípio da taxatividade, afora ser dirigido ao legislador, também se destina aos operadores da Justiça. Mais do que isso, a obediência ao princípio valoriza e convalida a atuação dos operadores e, por conseguinte, legitima todo o sistema penal, reforçando a confiança neste e no estado democrático.

O grande desafio ao princípio da taxatividade decorre de novos campos de interação social que demandam novas e diferenciadas intervenções do Direito Penal, sendo contemporaneamente o fenômeno terrorista um desses novos "espaços".

Considerando que o terrorismo contemporâneo atualmente conta com uma "panóplia" de mecanismos dos quais pode fazer uso (e que de fato faz) para a exploração das vulnerabilidades dos inimigos,

> o Estado tem de adaptar os mecanismos existentes e criar novos instrumentos face às ameaças emergentes e aos riscos que

---

223 DOTTI, René Ariel. *Curso de direito penal: parte geral*. 4. ed. rev. atual. e ampliada. Colaboração Alexandre Knopfholz e Gustavo Britta Scandelari. São Paulo: Revista dos Tribunais, 2012, p 136.

224 SCHMIDT, Andrei Zenkner. *O princípio da legalidade penal no Estado Democrático de Direito*. Porto Alegre: Livraria do Advogado, 2001, p. 121-125 e 249.

impendem sobre a sociedade contemporânea, reforçando o seu sistema de prevenção e combate ao terrorismo[225].

Nesse diapasão é curial destacar recente julgado da Corte Interamericana de Direitos Humanos que justamente refere a necessidade de observância do princípio da legalidade, e consequentemente da taxatividade pelos estados em relação a acusações de terrorismo:

> 162. La elaboración de tipos penales supone una clara definición de laconducta incriminada, que fije sus elementos y permita deslindarla de comportamientos no punibles o conductas ilícitas sancionables con medidas no penales. Es necesario que el ámbito de aplicación de cada uno de los tipos esté delimitado de la manera más clara y precisa que sea posible, en forma expresa, precisa, taxativa y previa. [...]
> 165. En particular, cuando los Estados adoptan las medidas necesarias para prevenir y sancionar el terrorismo tipificando como delitos las conductas de ese carácter, están obligados a respetar el principio de legalidad en los términos arriba señalados (supra párrs. 161 a 164). Varios órganos y expertos internacionales de la Organización de Naciones Unidas han puesto de relieve la necesidad de que las tipificaciones y definiciones internas relativas al terrorismo no sean formuladas de manera imprecisa que facilite interpretaciones amplias con las cuales se sancionen conductas que no tendrían la gravedad y naturaleza de ese tipo de delitos[226].

Discorrendo sobre a Lei de Segurança Nacional, já referida anteriormente no presente trabalho, Rogério Greco criticava

---

225 FERNANDES, Luís Miguel Fiães. "As sociedades contemporâneas e a ameaça terrorista." In: MOREIRA, Adriano (coord.). *Terrorismo*. 2. ed. Coimbra: Almedina, 2004, p.480.

226 CORTE INTERAMERICANA DE DERECHOS HUMANOS. *Caso Norín Catrimán e outros (dirigentes, membros e ativistas do povo indígena Mapuche) X Chile. Sentencia de 29/05/2014*. Disponível em: <http://www.corteidh.or.cr/docs/casos/articulos/seriec_279_esp.pdf>. Acesso em: 11set. 2017.

duramente o seu art. 9º²²⁷, justamente em razão do seu "conceito vago e impreciso":

> Ora, como se tenta submeter o território nacional, ou parte dele, ao domínio ou à soberania de outro país?
> Tal conduta, obviamente, será aquela que atente contra a vontade do tirano, e, por essa razão, tal artigo não pode sobreviver diante do princípio da legalidade²²⁸.

Interessante consignar que o Supremo Tribunal Federal já se posicionou no sentido de que os tipos penais devem prever expressamente as condutas vedadas, uma vez que o Direito Penal deve obediência ao princípio da taxatividade, não podendo haver interpretação extensiva em prejuízo do réu, demonstrando assim a importância deste princípio para o sistema constitucional brasileiro:

> DIREITO PENAL E PROCESSUAL PENAL. DENÚNCIA CONTRA DEPUTADO FEDERAL. FATOS OCORRIDOS DURANTE O EXERCÍCIO DE MANDATO DE PREFEITO MUNICIPAL. CRIMES PREVISTOS NO ART. 1º DO DECRETO-LEI N. 201/1967 E NA LEI N. 8.666/1993. RECEBIMENTO PARCIAL. PRESCRIÇÃO. 1. Denúncia pela prática de crimes previstos no art. 1º, I e IV, do Decreto-lei n. 201/67 e arts. 89, 92 e 96, I, da Lei n. 8.666/1993 imputados a Deputado Federal quando no exercício de mandato de Prefeito Municipal. 2. Prescrição da pretensão punitiva do crime previsto no art. 1º, IV, do Decreto-lei 201/67 e dos crimes previstos nos arts. 89 e 92, da Lei n. 8.666/1993. 3. O Supremo Tribunal Federal, em sede de repercussão geral (RE 602.527 QO-RG), decidiu ser inadmissível decretar a prescrição da

---

227 Art. 9º – Tentar submeter o território nacional, ou parte dele, ao domínio ou à soberania de outro país.
Pena: reclusão, de 4 a 20 anos.

228 GRECO, Rogério. *Curso de Direito Penal – Parte Geral*. 4. ed. Rio de Janeiro: Impetus, 2004, p. 109.

pretensão punitiva pela pena em perspectiva, antecipada ou projetada. Entendimento que se prestigia em homenagem aos princípios da segurança jurídica e colegialidade. 4. Não é inepta a denúncia que descreve ação típica, individualiza a conduta do denunciado, menciona sua consciência quanto aos fatos imputados e aponta indícios de autoria e materialidade. 5. Não tem cabimento a alegação de ausência de dolo quando do juízo de admissibilidade da acusação, exceto quando demonstrada estreme de dúvidas. 6. Em razão do princípio da taxatividade (art. 5º, XXXIX, da CR), a conduta de quem, em tese, frauda licitação ou contrato dela decorrente, cujo objeto é a contratação de obras e serviços, não se enquadra no art. 96, I, da Lei n. 8.666/1993, pois esse tipo penal contempla apenas licitação ou contrato que tem por objeto aquisição ou venda de bens e mercadorias. 7. Prefeito Municipal que, em tese, promove superfaturamento de preços de serviços e obras públicas visando desviar ou permitir o desvio de recursos públicos, comete o crime do art. 1º, I, do Decreto-lei n. 201/196[229].

A recente legislação brasileira alimentou ainda mais o debate e as incertezas sobre a temática terrorista. No caso específico da Operação Hashtag, diante da tipificação de condutas com fulcro no 3º artigo da novel lei (promover, constituir, integrar ou prestar auxílio, pessoalmente ou por interposta pessoa, a organização terrorista), surgiram discussões a respeito de eventual amplitude ao intérprete e de eventual violação à taxatividade da lei penal.

Percebe-se, pois, um choque entre as instituições públicas responsáveis pela investigação diante dos direitos e liberdades fundamentais do cidadão.

Assim, o estudo da Lei nº 13.260/16, aproximando-a do princípio da taxatividade da lei penal, conduz a uma interpretação mais completa e embasada acerca da até então inédita operação

---

[229] BRASIL. Supremo Tribunal Federal. Primeira Turma. *INQUÉRITO 3331/MT. Autor: MPF. Relator: Edson Fachin, 01 de dezembro de 2015.* Disponível em: <http://redir.stf.jus.br/paginadorpub/paginador.jsp?docTP=TP&docID=10644198>. Acesso em: 02 out. 2017.

antiterror brasileira. A abordagem do princípio da taxatividade, aproximando-o da novel lei, permite, de forma isenta e científica, a perfeita avaliação acerca da adequação ou inadequação típica das condutas ocorridas na operação brasileira.

A análise do princípio da taxatividade que impede a "interpretação vaga" e, por conseguinte, discricionária ou dúbia dos operadores da justiça, permite a sua aproximação à nova Lei de Enfrentamento ao Terrorismo brasileira, levando a uma conclusão imparcial acerca da Operação Hashtag, da tipificação das condutas nela ocorridas e ainda sobre o enquadramento da divulgação de material terrorista por meio das redes sociais.

4.2 Princípio da proibição de proteção deficiente

> As garantias e os direitos individuais assegurados aos cidadãos de bem são desprezados e colocados abaixo dos ideais criminoso-terroristas com emprego sistemático da violência na imposição arrogante de vontade[230].

Indiscutivelmente, o papel estatal no tocante ao cerceamento de liberdades individuais ou de direitos fundamentais deve estar previsto e limitado constitucionalmente, sendo inegável que nossa lei maior restringe a atuação estatal em matéria criminal. Ocorre que esta mesma Constituição também determina ao Estado algumas prestações e deveres de agir na seara criminal para salvaguardar bens jurídicos, destacadamente no artigo 5°,

---

230 BUENO, Sidney Silva. "Apoderamento Ilícito de Aeronaves e Terrorismo". *Revista Brasileira de Ciências Policiais*. Brasília, DF: Revista da Academia Nacional de Polícia-ANP, v. 3, n. 1, 2012, p. 43-73.

XLI, XLII, XLIII e XLIV[231]. Referidos dispositivos evidenciam que a criminalização das práticas relacionadas ao terrorismo decorre de imperativo constitucional expresso.

É mister ainda destacar que em nosso entendimento os direitos à liberdade e à segurança na verdade são interligados, não existindo liberdade sem segurança, enquanto que a segurança só se opera dentro do quadro de respeito absoluto aos direitos fundamentais. E é justamente essa segurança que garante a democracia, sendo, contrariamente ao pensamento tradicional, um fator de liberdade e de garantia de direitos.

Importante observar que a estruturação do princípio da proporcionalidade aponta para um viés de proteção contra os excessos do Estado (garantismo negativo) e outro de preocupação do sistema jurídico (garantismo positivo) "com o fato de o Estado não proteger suficientemente determinado direito fundamental, caso em que estar-se-á em face do que, a partir da doutrina alemã, passou-se a denominar de 'proibição de proteção deficiente' (*Untermassverbot*)".[232]

---

231 Art. 5º Todos são iguais perante a lei, sem distinção de qualquer natureza, garantindo-se aos brasileiros e aos estrangeiros residentes no País a inviolabilidade do direito à vida, à liberdade, à igualdade, à segurança e à propriedade, nos termos seguintes: [...] XLI – a lei punirá qualquer discriminação atentatória dos direitos e liberdades fundamentais; XLII – a prática do racismo constitui crime inafiançável e imprescritível, sujeito à pena de reclusão, nos termos da lei; XLIII – a lei considerará crimes inafiançáveis e insuscetíveis de graça ou anistia a prática da tortura, o tráfico ilícito de entorpecentes e drogas afins, o terrorismo e os definidos como crimes hediondos, por eles respondendo os mandantes, os executores e os que, podendo evitá-los, se omitirem; XLIV – constitui crime inafiançável e imprescritível a ação de grupos armados, civis ou militares, contra a ordem constitucional e o Estado Democrático; [...]

232 STRECK, Lenio Luiz. *Bem jurídico e Constituição: da proibição de excesso (übermassvebot) à proibição de proteção deficiente (untermassverbot) ou de como não há blindagem contra normas penais inconstitucionais*. Disponível em: <http://livepublish.iob.com.br/ntzajuris/lpext.dll/infobase/1b5ae/1b601/1bb53?fn=documentframe.htm&f=templates&2.0>. Acesso em: 25 ago. 2017.

Dentro deste contexto, o princípio da proibição de proteção deficiente vem sendo aplicado para evitar a tutela penal insuficiente, justamente nos casos em que a ação estatal se manifesta de forma deficiente.

Sobre a temática do referido princípio Luiz Flavio Gomes afirma que, para assegurar a proteção de um direito fundamental,

> nem a lei nem o Estado pode apresentar insuficiência em relação à tutela dos direitos fundamentais, ou seja, ele cria um dever de proteção para o Estado (ou seja: para o legislador e para o juiz) que não pode abrir mão dos mecanismos de tutela, incluindo-se os de natureza penal[233].

Merece ser ainda trazida à baila lição de Wolfgang Sarlet acerca da função defensiva do Estado perante os direitos fundamentais:

> Na esteira destas considerações, importa consignar, que esta "função defensiva" dos direitos fundamentais não implica, na verdade, a exclusão total do Estado, mas, sim, a formalização e limitação de sua intervenção, no sentido de uma vinculação da ingerência por parte dos poderes públicos a determinadas condições e pressupostos de natureza material e procedimental, de tal sorte que a intervenção no âmbito de liberdade pessoal não é vedada de per si, mas, sim, de modo que apenas a ingerência em desconformidade com a Constituição caracteriza uma efetiva agressão[234].

O mesmo autor destaca que

> a noção de proporcionalidade não se esgota na categoria da proibição de excesso, já que vinculada igualmente a um dever

---

233 GOMES, Luiz Flávio. *Princípio da proibição de proteção deficiente*. Disponível em: <http://ww3.lfg.com.br/public_html/article.php?story=2009120712405123&mode=print>. Acesso em: 05 abr. 2013.

234 SARLET, Ingo Wolfgang. *A eficácia dos direitos fundamentais*. 7. ed. Porto Alegre: Livraria do Advogado, 2007, p. 197.

de proteção por parte do Estado, inclusive quanto a agressões contra direitos fundamentais provenientes de terceiro[235].

Ao comentar o princípio da proibição da proteção deficiente, Feldens apresenta, de forma categórica e precisa, aspectos primordiais sobre o tema, vinculando o princípio aos direitos fundamentais, como imperativo de tutela:

> A proibição de proteção deficiente relaciona-se diretamente, pois, à função dos direitos fundamentais como imperativos de tutela (na realidade, lhe é complementar), notadamente no ponto em que demandam, para seu integral desenvolvimento, uma atuação ativa do Estado em sua proteção. Sob essa perspectiva, opera como ferramenta dogmática extraída do mandado de proporcionalidade e que nessa condição predispõe-se a exercer um controle (de constitucionalidade) sobre determinados atos legislativos, sendo, portanto, irrecusável sua dignidade constitucional[236].

Registre-se que a aplicação deste princípio já é feita inclusive pelo Supremo Tribunal Federal, merecendo ser trazida à baila lição do Ministro Gilmar Mendes, comentando a influência alemã na interpretação de direitos fundamentais:

> A jurisprudência da Corte Constitucional alemã acabou por consolidar entendimento no sentido de que do significado objetivo dos direitos fundamentais resulta o dever do Estado não apenas de se abster de intervir no âmbito de proteção desses direitos, mas também de proteger tais direitos contra a agressão ensejada por atos de terceiros. Essa interpretação da Corte Constitucional empresta, sem dúvida, uma nova dimensão aos direitos fundamentais, fazendo com que o Estado evolua da

---

235 SARLET, Ingo Wolfgang. "Constituição e Proporcionalidade: o direito penal e os direitos fundamentais entre proibição de excesso e de insuficiência." In: *Revista de Estudos Criminais* nº 12, ano 3. Sapucaia do Sul, Editora: Notadez, 2003, p. 86.

236 FELDENS, Luciano. *Direitos fundamentais e direito penal: a constituição penal.* 2 ed. rev. e ampl. Porto Alegre: Livraria do Advogado, 2012, p. 165.

posição de "adversário" para uma função de guardião desses direitos. É fácil ver que a idéia de um dever genérico de proteção fundado nos direitos fundamentais relativiza sobremaneira a separação entre a ordem constitucional e a ordem legal, permitindo que se reconheça uma irradiação dos efeitos desses direitos sobre toda a ordem jurídica. Assim, ainda que não se reconheça, em todos os casos, uma pretensão subjetiva contra o Estado, tem-se, inequivocamente, a identificação de um dever deste de tomar todas as providências necessárias para a realização ou concretização dos direitos fundamentais. Os direitos fundamentais não podem ser considerados apenas como proibições de intervenção (*Eingriffsverbote*), expressando também um postulado de proteção (*Schutzgebote*). Utilizando-se da expressão de Canaris, pode-se dizer que os direitos fundamentais expressam não apenas uma proibição do excesso (*Übermassverbote*), como também podem ser traduzidos como proibições de proteção insuficiente ou imperativos de tutela (*Übermassverbote*)[237].

A violação ao princípio da proporcionalidade como proibição à proteção insuficiente resta demonstrada nos casos de adoção de regramento ou normatização ineficazes ou insuficientes.

E é justamente na garantia de direitos fundamentais, mais precisamente no aspecto dos direitos humanos, que o legislador brasileiro estava a pecar, pois a Lei de Segurança Nacional, derivação de um momento histórico e político totalmente diverso, apresentava sensível risco a tais direitos, sendo ainda totalmente fora de tempo em relação ao fenômeno do terrorismo.

A esse respeito Juarez Freitas refere com muita propriedade que "guardando parcial simetria com o princípio da proibição de excesso (*Übermassverbotes*) a medida implementada pelo Poder Público precisa se evidenciar não apenas conforme os fins

---

237 BRASIL. Supremo Tribunal Federal. Segunda Turma. *HABEAS CORPUS 104410/RS*. Paciente: ALDORI LIMA OU ALDORI DE LIMA. Impetrante DEFENSORIA PÚBLICA DA UNIÃO. Relator: Gilmar Mendes. 06 de março de 2012. Disponível em: <http://redir.stf.jus.br/paginadorpub/paginador.jsp?docTP=TP&docID=1851040>. Acesso em: 02 out. 2017.

almejados (*Zielkonformität*), mas também, apta a realizá-los (*Zwecktauglichkeit*)", sendo que "igualmente se mostra inadequada a insuficiência ou a omissão antijurídica causadora de danos".[238]

Nesse diapasão, até a edição da Lei 13.260/2016 observou-se no Brasil clara omissão estatal sobre a temática terrorista, em flagrante violação ao princípio da proporcionalidade como proibição deficiente. Entendemos que a Lei de Segurança Nacional, além de flagrantemente inconstitucional, apresentava sensível risco ao Estado brasileiro, notadamente no âmbito de direitos e garantias fundamentais.

Importante ainda destacar que até o advento na novel lei antiterrorismo presenciava-se no sistema brasileiro uma delicada e sensível situação dos direitos e garantias individuais diante do atraso e do autoritarismo da legislação, em especial a Lei de Segurança Nacional, que, a nosso ver, não tratava de forma direta e precisa o problema da ameaça terrorista.

Não fosse positivada uma legislação moderna sobre a temática terrorista, nossa Suprema Corte seria possivelmente obrigada a julgar a inconstitucionalidade da LSN com base no princípio da proibição de proteção deficiente.

Nesse sentido cumpre destacar que já em 2001 o Conselho de Segurança da ONU, através da Resolução 1373/2001, internalizada pelo Brasil por meio do Decreto nº 3.976/2001[239], estabelecia que todos os Estados deveriam, dentre outros aspectos, "assegurar que qualquer pessoa que participe do financiamento, planejamento, preparo ou perpetração de atos

---

238 FREITAS, Juarez. "Princípio da Precaução: vedação de excesso e de inoperância." *Revista Interesse Público*. Porto Alegre: Notadez, ano VII, 2006, nº 35, p. 33-47.

239 BRASIL. Diário Oficial da União. *Decreto nº 3.976, de 18 de outubro de 2001.* Dispõe sobre a execução, no Território Nacional, da Resolução 1373 (2001) do Conselho de Segurança das Nações Unidas. Brasília, DF, 2001. Disponível em: <http://www.planalto.gov.br/ccivil_03/decreto/2001/d3976.htm.>. Acesso em: 13 jul. 2017.

terroristas ou atue em apoio destes seja levado a julgamento" e que "esses atos terroristas sejam considerados graves delitos criminais pelas legislações e códigos nacionais e que a punição seja adequada à gravidade desses atos".

A nosso ver temos na referida resolução, e no Decreto, referência ao princípio da proibição de proteção deficiente.

Mostra-se imperioso destacar relatório da 57ª Reunião Extraordinária realizada no projeto de reforma do Código Penal (Comissão de Constituição, Justiça e Cidadania) que em 2004 alertava para o "dever" de legislar acerca do crime de terrorismo no Brasil:

> Também entendemos que deve ser rejeitada a Emenda nº 74, do Senador Randolfe Rodrigues, que visa a retirar a previsão do crime de terrorismo. A criminalização dessa conduta não é uma opção do legislador, mas um dever de legislar imposto pelo inciso XLIII do art. 5º da Constituição Federal (CF), de modo que entendemos deva ser mantida a redação do Substitutivo[240].

Mais uma vez é crucial referir o trabalho o julgado da Corte Interamericana de Direitos Humanos[241] que destaca a necessidade de que os estados adotem as medidas adequadas, necessárias e proporcionais para prevenir e, em sendo o caso, investigar, julgar e sancionar atos relacionados ao terrorismo, respeitando-se, evidentemente, as garantias fundamentais e o Estado Democrático.

Evidente que, até como medida de sobrevivência e de garantia de direitos fundamentais da grande maioria dos cidadãos,

---

240 Brasil. *Projeto de Lei do Senado nº 236/ 2012 – Novo Código Penal.* Brasília, DF: Senado Federal. Disponível em: <https://www25.senado.leg.br/web/atividade/materias/-/materia/106404>. Acesso em: 13set. 2017.

241 CORTE INTERAMERICANA DE DERECHOS HUMANOS. *Caso Norín Catrimán e outros (dirigentes, membros e ativistas do povo indígena Mapuche) X Chile. Sentencia de 29/05/2014.* Disponível em: <http://www.corteidh.or.cr/docs/casos/articulos/seriec_279_esp.pdf>. Acesso em: 11set. 2017.

devem, os agentes terroristas, ser fundamento de restrição de direitos sob os ditames do direito democrático[242].

Nesse diapasão, e conforme já referido neste trabalho, as ações terroristas também resultam em edições de novas legislações contraterroristas em vários países, as quais sempre chegam ao delicado binômio entre segurança e direitos humanos, existindo uma tendência de comprometimento de direitos fundamentais, como a liberdade de expressão, o direito à privacidade e liberdade[243].

Entendemos, pois, a necessidade de existência de legislações modernas e respeitadoras do Estado Democrático, que abordem esse novo e perigoso *modus operandi* terrorista desencadeado por meio do ativismo de mídia social.

Conforme observado nesta pesquisa, o marketing terrorista traz consigo danosas consequências, sendo a nosso ver obrigação Estatal tipificar tais condutas e punir seus responsáveis, uma vez que inegavelmente fazem parte das ações de terror, compondo a diversidade de atores empregados nas diversas e variadas fases do fenômeno terrorista.

A novel lei claramente avançou na temática de enfrentamento do terrorismo, corrigindo tutela penal até então insuficiente e desatualizada.

Mais do que isso, a novel lei cumpriu obrigações assumidas pelo país junto às Nações Unidas.

Vamos ainda mais longe ao afirmar que a Lei nº 13.260/2016 constitui-se como um fator de liberdade e de garantia de direitos de uma grande maioria, na medida em que garante e assegura a proteção de direitos fundamentais referidos na Constituição Federal, cumprindo, pois, obediência com o princípio da proibição e proteção deficiente ora examinado.

---

[242] VALENTE, Manuel Monteiro Guedes. "Terrorismo – Fundamento de restrição de Direitos". In: MOREIRA, Adriano (coord.). *Terrorismo*. 2. ed. Coimbra: Almedina, 2004, p.426 e, 456-457.

[243] BAKKER, Edwin. *Terrorism and Counterterrorism Studies: Comparing Theory and Practice*. Leiden: Leiden University Press, 2015, p. 24-25.

5. A Internet, as redes sociais e a promoção de organizações terroristas – Realidade legislativa internacional

As questões legais, morais e éticas sempre associadas aos direitos, liberdades e garantias dos cidadãos, tão características das Democracias Ocidentais, sairão sempre beliscadas, quer perante os objetivos apocalípticos, frequentemente conseguidos deste tipo de organizações terroristas, quer pela resposta coercitiva que os Estados desencadeiam para lhes fazer face[244].

Como já referido, a falta de uma definição precisa, pacífica e inequívoca do fenômeno, além da eterna dicotomia entre "terroristas" e "lutadores pela liberdade" (*freedom fighter*), resulta na inexistência de uma convenção internacional geral sobre a temática terrorista e ainda torna difícil o estabelecimento de um conceito universal acerca do fenômeno[245].

O "renovado fenômeno terrorista global" desponta ainda mais potencializado, tanto em suas capacidades de atuação, como nos efeitos que busca alcançar. A globalização e as novas

---

244 MATOS, Hermínio Joaquim de. "A Chegada do Califado Universal à Europa." In CORREIA, Eduardo P. (coord.). *Liberdade e Segurança*. Lisboa: ISCPSI--ICPOL e OP, 2015.

245 CRETELLA NETO, José. *Terrorismo Internacional: Inimigo sem rosto – combatente sem pátria*. Campinas: Millennium, 2008, p. 13-39.

tecnologias de informação e de comunicação foram eficazmente adotadas pela Al-Qaeda e pelo Estado Islâmico, que identificaram a permeabilidade dos sistemas democráticos ocidentais e passaram a utilizar esses recursos tecnológicos para doutrinar, recrutar e radicalizar novos membros[246].

Interessante ainda trazer à baila colocação do Escritório da ONU para as Drogas e o Crime Organizado sobre a difícil tarefa de prevenir o terrorismo:

> O terrorismo é um fenômeno complexo e em constante mudança. Suas motivações, financiamento e mecanismos de apoio, seus métodos de ataque e escolha de alvos estão em constante evolução adicionando, portanto, à complexidade de uma estratégia efetiva para seu combate (tradução nossa)[247].

Partindo desse cenário de complexidade do fenômeno, a abordagem da questão objeto deste trabalho se mostra ainda mais complicada e desafiadora, sendo inequívoco que a Internet e as redes sociais assumem importância decisiva na proliferação da propaganda das organizações terroristas, como anteriormente tratado.

Conforme registrado pelo membro do Ministério Público Federal nas alegações finais do processo relacionado à Operação Hashtag, em nível internacional percebe-se uma forte e cada vez maior tendência de combate e de enfrentamento às ações de apoio

---

246 MATOS, Hermínio Joaquim de. A Chegada do Califado Universal à Europa. In CORREIA, Eduardo P. (coord.). *Liberdade e Segurança*. Lisboa: ISCPSI--ICPOL e OP, 2015, p. 147-152.

247 UNITED NATIONS OFFICE ON DRUGS AND CRIME (UNODC). *Handbook on Criminal Justice Responses to Terrorism. Vienna: 2009*. Disponível em: <https://www.unodc.org/documents/terrorism/Handbook_on_Criminal_Justice_Responses_to_Terrorism_en.pdf>. Acesso em: 29 ago. 2017. "Terrorism is a complex and ever-changing phenomenon. Its motivations, financing and support mechanisms, methods of attack and choice of targets are constantly evolving, thus adding to the complexity of an effective strategy to counter it."

a organizações terroristas, de maneira mais perceptível em relação à seleção, ao recrutamento e ao financiamento de novos membros[248].

Sobre a temática, observa-se de fato significativa edição legislativa por organismos internacionais.

Além disso, alguns países em seu âmbito interno têm sido demandados a criminalizar com rigor tais condutas, adotando medidas para impedir o financiamento, planejamento, preparação e execução de atos terroristas[249].

Cumpre observar que a tendência internacional ora tratada, a nosso ver, é clara ao diferenciar a promoção de organizações terroristas, da apologia a ações de terror.

Conforme muito bem referido pelo Parquet nas alegações finais do processo sob exame[250], algumas resoluções do Conselho de Segurança das Nações Unidas demonstram a tendência internacional de enfrentamento das condutas de apoio às organizações terroristas.

A Resolução nº 1373/2001, adotada pelo Conselho de Segurança em 28 de setembro de 2001, internalizada pelo Brasil por meio do Decreto nº 3.976/2001[251], estabelece que todos os

---

248 BRASIL. Procuradoria da República do Paraná. Procurador da República Rafael Brum Miron. *Alegações finais na ação penal nº 504686367.2016.4.04.7000/PR*. Disponível em: <https://www2.trf4.jus.br/trf4/controlador.php?acao=consulta_processual_pesquisa&strSecao=PR&selForma=NC>. Acesso em: 19 ago. 2017 (número do processo 5046863-67.2016.4.04.7000, chave 207557386816, evento 537).

249 GUIMARÃES, Marcello Ovidio Lopes. *Tratamento Penal do Terrorismo*. São Paulo: Quartier Latin, 2007, p. 123.

250 BRASIL. Procuradoria da República do Paraná. Procurador da República Rafael Brum Miron. *Alegações finais na ação penal nº 504686367.2016.4.04.7000/PR*. Disponível em: <https://www2.trf4.jus.br/trf4/controlador.php?acao=consulta_processual_pesquisa&strSecao=PR&selForma=NC>. Acesso em: 19 ago. 2017 (número do processo 5046863-67.2016.4.04.7000, chave 207557386816, evento 537).

251 BRASIL. Diário Oficial da União. *Decreto nº 3.976, de 18 de outubro de 2001*. Dispõe sobre a execução, no Território Nacional, da Resolução 1373 (2001) do Con-

Estados devem, dentre outros aspectos, "assegurar que qualquer pessoa que participe do financiamento, planejamento, preparo ou perpetração de atos terroristas ou atue em apoio destes seja levado a julgamento" e que "esses atos terroristas sejam considerados graves delitos criminais pelas legislações e códigos nacionais e que a punição seja adequada à gravidade desses atos".

A mesma Resolução ainda declara que

> atos, métodos e práticas de terrorismo são contrários aos propósitos e princípios das Nações Unidas, e que o financiamento, planejamento e incitamento deliberado de atos terroristas são igualmente contrários aos propósitos e princípios das Nações Unidas.

Vê-se, pois, além de evidente referência ao princípio da proibição da proteção deficiente, tratado em capítulo anterior, uma clara preocupação das Nações Unidas com aquele ator que "atue em apoio" ao terrorismo.

Adotada pelo Conselho de Segurança em 14 de setembro de 2005, a Resolução 1624/2005[252] exorta os Estados membros da ONU a proibirem por lei que indivíduos tenham conduta relacionada à incitação de atos terroristas, condenando

> com a maior veemência o incitamento à prática de atos terroristas e repudiando as tentativas de justificação ou glorificação (apologia) de atos terroristas que podem incitar à prática de novos atos terroristas.

---

selho de Segurança das Nações Unidas. Brasília, DF, 2001. Disponível em: <http://www.planalto.gov.br/ccivil_03/decreto/2001/d3976.htm.>. Acesso em: 13 jul. 2017.

252 UNITED NATIONS. *Security Council. Resolución 1624/2005*. Disponível em: <http://www.un.org/es/comun/docs/index.asp?symbol=S/RES/1624%20(2005)&referer=http://www.un.org/es/sc/documents/resolutions/2005.shtml&Lang=E>. Acesso em: 29 ago. 2017.

Referida resolução vai ainda mais longe que a anterior, na medida em que diferencia claramente o incitamento (definido na própria resolução como prática de atos terroristas motivados pelo extremismo e pela intolerância) da apologia (tentativas de justificação ou glorificação). Justamente por diferenciar a apologia do incitamento, a Resolução 1624/2005

> insta a todos os Estados que adotem as medidas necessárias e adequadas em cumprimento de suas obrigações de direito internacional para proibir, por lei, a incitação ao cometimento de um ato ou atos de terrorismo.

Vê-se aqui mais um exemplo expresso do princípio da proibição de proteção deficiente anteriormente tratado.

Interessante ainda destacar que a Resolução 2178/2014, recepcionada no Brasil por meio do Decreto nº 8.530, de 28 de setembro 2015[253], refere a "necessidade de tratar das condições conducentes à difusão do terrorismo" e ainda

> o crescente uso pelos terroristas e seus apoiadores das tecnologias de comunicação com o propósito de radicalização para o terrorismo, recrutando e incitando o cometimento de atos terroristas, inclusive por meio da Internet.

A referida resolução – que trata de combatentes terroristas estrangeiros – considera também a "necessidade de tratar

---

253 BRASIL. Diário Oficial da União. *Decreto nº 8.530 de 28 de setembro de 2015*. Dispõe sobre a execução, no território nacional, da Resolução 2178 (2014), de 24 de setembro de 2014, do Conselho de Segurança das Nações Unidas, que trata de combatentes terroristas estrangeiros. Brasília, DF, 2015. Disponível em: <http://www.planalto.gov.br/ccivil_03/_Ato2015-2018/2015/Decreto/D8530.htm>. Acesso em: 03 set. 2017.

das condições conducentes à difusão do terrorismo"[254], ademais determina que todos os Estados membros devem assegurar que seu direito interno estabeleça como crimes graves suficientes para permitir a persecução penal de forma que reflita devidamente a gravidade do delito a organização ou outros tipos de facilitação internacionais, inclusive atos de recrutamento, por seus nacionais ou em seus territórios, da viagem de indivíduos que partam para um Estado distinto daqueles de sua residência ou nacionalidade com o propósito de perpetrar, planejar, preparar ou participar de atos terroristas, ou fornecer ou receber treinamento para o terrorismo.

Importante mencionar que as resoluções anteriormente citadas foram ratificadas pela ONU por meio da Resolução 2354/2017, tendo esta resolução mais uma vez diferenciado a incitação da apologia:

---

[254] Reconhecendo que "o enfrentamento da ameaça representada pelos combatentes terroristas estrangeiros requer que se trate de forma abrangente seus fatores subjacentes, inclusive impedindo a radicalização para o terrorismo, restringindo o recrutamento, inibindo viagens de combatentes terroristas estrangeiros, interrompendo o apoio financeiro aos combatentes terroristas estrangeiros, combatendo o extremismo violento que pode conduzir ao terrorismo, combatendo a incitação a atos terroristas motivados pelo extremismo ou intolerância, promovendo a tolerância política e religiosa, o desenvolvimento econômico e a coesão e inclusão sociais, terminando e solucionando conflitos armados, e facilitando a reintegração e a reabilitação", reconhecendo que "o terrorismo não será derrotado unicamente por força militar, medidas de manutenção da ordem pública e operações de inteligência", sublinhando "a necessidade de enfrentar as condições conducentes à difusão do terrorismo" e expressando preocupação com "o crescente uso pelos terroristas e seus apoiadores das tecnologias de comunicação com o propósito de radicalização para o terrorismo, recrutando e incitando o cometimento de atos terroristas, inclusive por meio da Internet, e financiando e facilitando a viagem e atividades subsequentes de combatentes terroristas estrangeiros, e sublinhando a necessidade de que os Estados Membros atuem de modo cooperativo para impedir que os terroristas se aproveitem de tecnologias, comunicações e recursos para mobilizar apoio para atos terroristas, respeitando ao mesmo tempo os direitos humanos e as liberdades fundamentais e em conformidade com as demais obrigações derivadas do direito internacional".

> Condenando en los términos más enérgicos la incitación a cometer actos terroristas y repudiando los intentos de justificar o glorificar (apología) los actos de terrorismo que puedan incitar a la comisión de nuevos actos terroristas[255].

Interessante observar a materialização do objeto desta pesquisa, qual seja a propaganda terrorista por meio da Internet e das redes sociais, referida na Resolução 2253/2015, adotada pelo Conselho de Segurança em 17 de dezembro de 2015, com a adesão formal do Brasil por meio do Decreto nº 8.799/2016[256]. A referida Resolução

> insta os Estados Membros a agirem cooperativamente para impedir os terroristas de recrutar, para combater sua propaganda extremista violenta e o incitamento à violência na Internet e nas redes sociais.

A Resolução expressa, com muita propriedade, a preocupação com a propaganda extremista por meio da Internet e das redes sociais e, de forma prudente, alerta para o necessário respeito aos "direitos humanos e às liberdades fundamentais e em conformidade com as obrigações em virtude do direito internacional". Também reitera circunstância tratada em capítulo anterior no sentido de que na verdade os direitos fundamentais dependem da segurança, ao reconhecer "que o desenvolvimento, a segurança e os

---

255 UNITED NATIONS. *Security Council. Resolución 2354/2017*. Disponível em: <http://www.un.org/es/comun/docs/?symbol=S/RES/2354(2017)>. Acesso em: 29 ago. 2017.

256 BRASIL. Diário Oficial da União. *Decreto nº 8.799 de 06 de julho de 2016*. Dispõe sobre a execução, no território nacional, da Resolução 2253 (2015), de 17 de dezembro de 2015, do Conselho de Segurança das Nações Unidas, que atualiza e fortalece o regime de sanções, imposto pela Resolução 1267 (1999), relativo ao Estado Islâmico no Iraque e no Levante e à Al-Qaeda. Brasília, DF, 2016. Disponível em: <http://www.planalto.gov.br/ccivil_03/_ato2015-2018/2016/decreto/D8799.htm>. Acesso em: 13 jul. 2017.

direitos humanos se reforçam mutuamente e são vitais para uma abordagem efetiva e abrangente para combater o terrorismo"[257].

A mesma resolução reconhece ainda o "Estado Islâmico no Iraque e no Levante e a Al-Qaeda" como organizações terroristas, tendo o Decreto 8.799/2016, já citado, ratificado tal reconhecimento pelo Brasil.

Na sentença exarada na Operação Hashtag o Juiz Federal Josegrei[258], além de destacar a gravidade em torno da escalada do terrorismo internacional, refere-se à preocupação da ONU ao instituir no ano de 2006, através de Assembleia, o *"Counter--Terrorism Implementation Task Force"*, definindo a Estratégia Global contra o Terrorismo alicerçada em quatro pilares:

> identificação das condições que conduzem à disseminação do terrorismo, prevenção e combate ao terrorismo, capacitação estatal e fortalecimento do papel da ONU, assegurar os direitos humanos e a aplicação do direito[259].

Importante reforçar que um dos grupos temáticos de trabalho instituído tinha como finalidade justamente proteger

---

257 BRASIL. Diário Oficial da União. *Decreto nº 8.799 de 06 de julho de 2016*. Dispõe sobre a execução, no território nacional, da Resolução 2253 (2015), de 17 de dezembro de 2015, do Conselho de Segurança das Nações Unidas, que atualiza e fortalece o regime de sanções, imposto pela Resolução 1267 (1999), relativo ao Estado Islâmico no Iraque e no Levante e à Al-Qaeda. Brasília, DF, 2016. Disponível em: <http://www.planalto.gov.br/ccivil_03/_ato2015-2018/2016/decreto/D8799.htm>. Acesso em: 13 jul. 2017.

258 BRASIL. Justiça Federal, Seção Judiciária do Paraná. 14ª Vara Federal de Curitiba. Juiz Federal Marcos Josegrei da Silva. *Sentença exarada na ação penal nº 504686367.2016.4.04.7000/PR*. Disponível em: <https://www2.trf4.jus.br/trf4/controlador.php?acao=consulta_processual_pesquisa&strSecao=PR&selForma=NC>. Acesso em: 19 ago. 2017 (número do processo 5046863--67.2016.4.04.7000, chave 207557386816, evento 613).

259 UNITED NATIONS. *Counter-Terrorism Implementation Task Force*. Disponível em: <https://www.un.org/counterterrorism/ctitf/un-global-counter--terrorism-strategy>. Acesso em: 29 ago. 2017.

pessoas e instituições vulneráveis que podem ser atingidas pela disseminação dos ideais terroristas por meio da Internet[260].

O Escritório das Nações Unidas sobre Drogas e Crimes formalizou no ano de 2012 expediente intitulado *"The use of internet for terrorists purposes"*, que enumera seis formas utilizadas por organizações terroristas na Internet: propaganda, financiamento, treinamento, planejamento, execução e ataques cibernéticos[261].

Em nível europeu, conforme destacado por Matos, a União Europeia conceitua a "radicalização violenta" como sendo o "fenômeno através do qual determinados indivíduos aderem a opiniões, visões e ideias (políticas, ideológicas ou religiosas) tendentes a atos de terrorismo[262].

É sensato aqui destacar que a União Europeia tem como uma de suas prioridades na luta antiterror a identificação e o efetivo combate aos fatores que podem vir a contribuir no processo de radicalização e de recrutamento de terroristas. Não por acaso, no ano de 2005, os Estados membros da União Europeia formalizaram documento intitulado *"The European Union Strategy for Combating Radicalisation and Recruitment to Terrorism"*, no qual, dentre outros pontos, se estabelece a necessidade de que sejam detectados e combatidos os comportamentos de risco de indivíduos ou de grupos relacionados à defesa, à instigação, à propaganda e à prática de atos ou

---

[260] Ibid. UNITED NATIONS. *Counter-Terrorism Implementation Task Force.* Disponível em:<https://www.un.org/counterterrorism/ctitf/un-global-counter-terrorism-strategy>. Acesso em: 29 ago. 2017.

[261] KI-MOON, Ban. Secretary-General of the United Nations. UNITED NATIONS OFFICE ON DRUGS AND CRIMES. *The use of the internet for terrorist purposes.* Viena: United Nations, 2012. Disponível em: <http://www.unodc.org/documents/frontpage/Use_of_Internet_for_Terrorist_Purposes.pdf>. Acesso em: 21ago. 2017.

[262] MATOS, Hermínio Joaquim de. *Terrorismo & Contraterrorismo: Sistemas de Segurança Interna.* Casal de Cambra: Caleidoscópio, 2016, p. 196.

mesmo de narrativas ideológicas que possam conduzir a ações de terror por meio da utilização abusiva da Internet[263].

Deve ser referida a convenção aberta à assinatura dos Estados membros do Conselho da Europa, realizada em Varsóvia (Convenção Europeia para a Prevenção do Terrorismo de 2005[264]), que define que "provocação pública para o cometimento uma ofensa terrorista" significa a distribuição ou a disponibilização de uma mensagem ao público, com a intenção de incitar a cometer um atentado terrorista, sendo que tal conduta, advogando ou não diretamente as ofensas terroristas, provoca perigo de que uma ou mais dessas ofensas possam ser cometidas:

> Article 5 – Public provocation to commit a terrorist offence
> 1 – For the purposes of this Convention, "public provocation to commit a terrorist offence" means the distribution, or otherwise making available, of a message to the public, with the intent to incite the commission of a terrorist offence, where such conduct, whether or not directly advocating terrorist offences, causes a danger that one or more such offences may be committed.
> 2 – Each Party shall adopt such measures as may be necessary to establish public provocation to commit a terrorist offence, as defined in paragraph 1, when committed unlawfully and intentionally, as a criminal offence under its domestic law.

Importante referir que em junho de 2014, diante das novas tendências da época, em especial dos terroristas solitários e dos combatentes estrangeiros e ainda considerando o crescimento

---

263 COUNCIL OF THE EUROPEAN UNION (2005). *"The European Union Strategy for Combating Radicalisation and Recruitment to Terrorism"*. Disponível em: <http://register.consilium.europa.eu/doc/srv?l=EN&f=ST%2014781%20 2005%20REV%201>. Acesso em: 20 ago. 2017.

264 COUNCIL OF EUROPE. *Convention on the Prevention of Terrorism. Warsaw 2005*. Disponível em: <http://www.coe.int/en/web/conventions/full-list/-/conventions/rms/090000168008371c>. Acesso em: 28 ago. 2017.

potencial de mobilização e comunicação por meio da Internet e de suas redes sociais, o Conselho da União Europeia promoveu a revisão desta estratégia. Em dezembro do mesmo ano foram adotadas algumas orientações para a estratégia revista, definindo medidas a serem implementadas pela UE e pelos Estados membros.

Observa-se, pois, uma clara preocupação com atos tendentes à execução de ações terroristas, muito antes do que a ação propriamente dita de tais práticas. Até porque o fenômeno terrorista não se resume à deflagração das ações, envolvendo uma meticulosa propaganda, persuasão, seleção, recrutamento, treinamento e planejamento das operações. Não por acaso, alguns países tratam de tipificar condutas que possam levar a esse perigoso caminho.

A Espanha, país com significativo histórico de ações envolvendo o grupo separatista basco ETA, através do seu Código Penal, aprovado pela Lei Orgânica 10/1995 e modificado pela Lei Orgânica 1/2015[265], dedica capítulo específico do seu ordenamento para tratar das organizações e dos grupos terroristas e dos delitos de terrorismo[266].

O artigo 572, I, do referido código tem redação assemelhada ao artigo 3º da Lei Antiterror brasileira, utilizando os verbos "promover e "constituir" organização terrorista:

> Artículo 572.
> 1 – Quienes promovieran, constituyeran, organizaran o dirigieran una organización o grupo terrorista serán castigados con las penas de prisión de ocho a catorce años e inhabilitación especial para empleo o cargo público por tiempo de ocho a quince años[267].

---

265 GOBIERNO DE ESPAÑA – Agência Estatal. *Boletín Oficial del Estado*. Disponível em: <https://boe.es/legislacion/codigos/codigo.php?id=038_Codigo_Penal_y_legislacion_complementaria&modo=1>. Acesso em: 29 ago. 2017.

266 Capítulo VII – De las organizaciones y grupos terroristas y de los delitos de terrorismo.

267 Ibidem, nota 265.

Interessante observar que a legislação espanhola também tipifica o acesso habitual via Internet ou de serviços de comunicações eletrônicas de conteúdos dirigidos ou que resultem idôneos ao "incitamento de incorporação à organização terrorista", ou ainda com colaboração a esses grupos ou aos seus fins.

> Artículo 575.
> [...] 1 – Con la misma pena se castigará a quien, con la misma finalidad de – capacitarse para cometer alguno de los delitos tipificados en este Capítulo, lleve a cabo por sí mismo cualquiera de las actividades previstas en el apartado anterior. Se entenderá que comete este delito quien, con tal finalidad, acceda de manera habitual a uno o varios servicios de comunicación accesibles al público en línea o contenidos accesibles a través de internet o de un servicio de comunicaciones electrónicas cuyos contenidos estén dirigidos o resulten idóneos para incitar a la incorporación a una organización o grupo terrorista, o a colaborar con cualquiera de ellos o en sus fines. Los hechos se entenderán cometidos en España cuando se acceda a los contenidos desde el territorio español. [...][268]

Além de tipificar a "promoção" de organização terrorista e o acesso via Internet aptos ao "incitamento" de incorporação à organização, o diploma legal espanhol diferencia e também tipifica o "enaltecimento" ou a "justificação" dos crimes tipificados como de terrorismo, o que nos parece ser o crime de apologia.

> Artículo 578
> 1 – El enaltecimiento o la justificación por cualquier medio de expresión pública o difusión de los delitos comprendidos en los art. 571 a 577 de este Código o de quienes hayan participado en su ejecución, o la realización de actos que entrañen descrédito, menosprecio o humillación de las víctimas de los delitos terroristas o de sus familiares se castigará con la pena de prisión de uno a dos años. El Juez también podrá acordar en la

---

268 Ibidem, p. 173.

sentencia, durante el periodo de tiempo que el mismo señale, alguna o algunas de las prohibiciones previstas en al art. 57[269].

No mesmo caminho o artigo 579 do Código Penal espanhol prevê sanção para aquele que, publicamente, difunda mensagens capazes de incitar terceiros à prática dos crimes de terrorismo tipificados no mesmo código.

> Artículo 579.
> 1 – Será castigado con la pena inferior en uno o dos grados a la prevista para el delito de que se trate el que, por cualquier medio, difunda públicamente mensajes o consignas que tengan como finalidad o que, por su contenido, sean idóneos para incitar a otros a la comisión de alguno de los delitos de este Capítulo. 2. La misma pena se impondrá al que, públicam[270].

Interessante observar que o diploma vincula o enaltecimento, a justificação, a difusão (algo como a apologia), aos delitos previstos nos artigos anteriores, ou seja, a crimes. Por sua vez, a promoção e o "incitamento" de incorporação estão vinculados a organizações terroristas, sendo, salvo melhor juízo, mais amplos. Idêntica prática é observada na lei brasileira.

Alvo de recentes e dolorosas ações do terror, a França optou por recentemente promover alteração do Código Penal por meio da Lei nº 2016-731/2016[271].

Referida codificação apresenta um título voltado especificamente ao terrorismo, conceituando o fenômeno e elencando diversos crimes. Ainda é criminalizada a consulta habitual de serviço de comunicação pública on-line e o fornecimento de mensagens,

---

269 Op. cit., p. 174.

270 Idem, p. 175.

271 REPUBLIQUE FRANÇAISE. *Legifrance*. Disponível em: <https://www.legifrance.gouv.fr/affichCode.do;jsessionid=47B9EAEF61C253DA8213EB2A5D40627C.tpdila23v_3?idSectionTA=LEGISCTA000006149845&cidTexte=LEGITEXT000006070719&dateTexte=20170906>. Acesso em: 06 set. 2017.

imagens ou representações, diferenciando-se da "provocação" direta da prática de atos de terrorismo da "apologia a esses atos":

> Article 421-2-5-2 (Modifié par LOI n°2017-258 du 28 février 2017 – art. 24)
> Le fait de consulter habituellement et sans motif légitime un service de communication au public en ligne mettant à disposition des messages, images ou représentations soit provoquant directement à la commission d'actes de terrorisme, soit faisant l'apologie de ces actes lorsque, à cette fin, ce service comporte des images ou représentations montrant la commission de tels actes consistant en des atteintes volontaires à la vie est puni de deux ans d'emprisonnement et de 30 000 € d'amende lorsque cette consultation s'accompagne d'une manifestation de l'adhésion à l'idéologie exprimée sur ce service.

Referida legislação foi inclusive mencionada na manifestação do Ministério Público Federal do Paraná[272], tendo o Parquet destacado a sanção prevista na codificação francesa, cujo artigo 421-2-5-2 tipifica o

> fato de consultar habitualmente um serviço de comunicação pública on-line, fornecendo mensagens, imagens ou representações, seja provocando diretamente a prática de atos de terrorismo, seja fazendo apologia a esses atos.

Cabe destacar que quase no término da presente pesquisa o Presidente da França sancionou a nova lei antiterrorismo do país.

---

272 BRASIL. Procuradoria da República do Paraná. Procurador da República Rafael Brum Miron. *Alegações finais na ação penal n° 504686367.2016.4.04.7000/PR*. Disponível em: <https://www2.trf4.jus.br/trf4/controlador.php?acao=consulta_processual_pesquisa&strSecao=PR&selForma=NC>. Acesso em: 19 ago. 2017 (número do processo 5046863-67.2016.4.04.7000, chave 20755 7386816, evento 537).

Em Portugal, a Lei nº 52/2003[273] trata do terrorismo na perspectiva da organização terrorista e também do terrorismo *stricto sensu*, conforme bem delineado em artigo recente de Portela[274] ao estabelecer que ambas as perspectivas representam o

> terrorismo *latu sensu*, cuja concretização operacional passa pela formação, promoção, adesão, apoio, chefia e direcção de grupo terrorista – artigo 2º da Lei nº 52/2003, de 22 de Agosto – e pela prática de actos terroristas individuais – artigo 4º da Lei 52/2003 de 22 de Agosto.

Centrando a presente investigação no aspecto da promoção do terrorismo, chama-nos a atenção a existência do verbo "promover" no artigo 2º da lei de combate ao terrorismo portuguesa.

> Artigo 2.º
> Organizações terroristas […] 2 – Quem promover ou fundar grupo, organização ou associação terrorista, a eles aderir ou os apoiar, nomeadamente através do fornecimento de informações ou meios materiais, é punido com pena de prisão de 8 a 15 anos.

Além disso, Portugal tipifica o incitamento a ações terroristas pela difusão de mensagens ao público, inclusive por meio da Internet:

> Artigo 4.º Terrorismo […] 3 – Quem, por qualquer meio, difundir mensagem ao público incitando à prática dos factos previstos no n.º 1 do artigo 2.º, com a intenção nele referida, é punido com pena de prisão de 1 a 5 anos.

---

273 GOVERNO DE PORTUGAL. *Diário da República Eletrônico*. Disponível em: <https://dre.pt/web/guest/legislacao-consolidada/-/lc/34568575/view?q=52%2F2003>. Acesso em: 08 set. 2017.

274 PORTELA, Irene. "A segurança interna e o combate ao terrorismo: o caso português." *Revista Enfoques: Ciencia Política y Administración Pública*. Disponível em: <http://www.redalyc.org/articulo.oa?id=96011647016>. Acesso em: 29 ago. 2017.

4 – Quando os factos previstos no número anterior forem praticados por meio de comunicação eletrónica, acessíveis por Internet, o agente é punido com pena de prisão de 1 a 6 anos. [...]

A exemplo da legislação espanhola, nos parece que a legislação portuguesa diferencia claramente a "promoção de organização terrorista" da apologia aos crimes previstos nos artigos anteriores, ou seja, a crimes de terrorismo. A lei portuguesa também associa a "promoção" ao termo "organização ou associação terrorista", restando à apologia a vinculação a atos de terrorismo.

Percebe-se, pois, no Direito comparado moderno, a existência de dispositivos penais incriminando as condutas de promoção e propaganda de organizações e de atos terroristas.

5.1 A Internet, as redes sociais e a promoção de organizações terroristas – Realidade legislativa do Brasil

> The essence of its online activity, however, is broader. It enables its supporters to obtain operational information, including training in preparing explosives and car bombs, and religious rulings legitimizing massacres in regions under ISIS control[275].

Depois de uma longa e incompreensível lacuna legislativa e de flagrante omissão ao princípio da proibição de

---

275 "A essência de sua atividade on-line, no entanto, é mais ampla. Permite que seus apoiadores obtenham informações operacionais, incluindo treinamento na preparação de explosivos e de carros-bomba, e interpretações religiosas legitimando massacres em regiões sob controle do ISIS" (tradução nossa). KOREN, Tal; SIBONI, Gabi. "Cyberspace in Service of ISIS." *INSS Insight*, n° 601, 4 set. 2014. Disponível em: <http://www.inss.org.il/publication/cyberspace-in-the-service-of-isis/>. Acesso em: 29 ago. 2017.

proteção deficiente, finalmente chegou-se à edição da Lei 13.260 de 2016[276].

A novel lei já foi referida anteriormente nesta pesquisa, que agora, partindo de artigo específico, buscará analisar a tipificação e aplicabilidade do tipo penal de promoção de organização terrorista:

> Art. 3º. Promover, constituir, integrar ou prestar auxílio, pessoalmente ou por interposta pessoa, a organização terrorista:
> Pena – reclusão, de cinco a oito anos, e multa.

Conforme tratado anteriormente nesta investigação, a entrada em vigor da Lei 13.260, ocorrida no dia 18/03/2016, apresenta inegável avanço legislativo do Brasil na temática de prevenção e de repressão ao fenômeno terrorista. Evidentemente que a legislação, até por ser totalmente inovadora e inédita, acaba por gerar algumas dúvidas, debates e discussões.

O objeto deste trabalho é justamente tratar da novel legislação e de recente e inédita operação da Polícia Federal brasileira, justamente em relação ao grupo que, dentre outros aspectos e segundo a investigação, "promovia" organização terrorista por meio da Internet e das redes sociais.

Não se trata de tema simples a problemática envolvendo a promoção de organização terrorista no Brasil e no mundo, bem como a sua correta interpretação e aplicação, sendo possível, e provável, que o debate se repita em futuros eventos.

Para chegar-se a uma conclusão acerca da tipificação e do enquadramento jurídico adotado na ação brasileira, é mister que se

---

276 BRASIL. Diário Oficial da União. *Lei nº 13.260, de 16 de março de 2016.* Regulamenta o disposto no inciso XLIII do art. 5º da Constituição Federal, disciplinando o terrorismo, tratando de disposições investigatórias e processuais e reformulando o conceito de organização terrorista; e altera as Leis n°s 7.960, de 21 de dezembro de 1989, e 12.850, de 2 de agosto de 2013. Brasília, DF, 2016. Disponível em: <http://www.planalto.gov.br/ccivil_03/_ato2015-2018/2016/lei/l13260.htm>. Acesso em: 30 jul. 2017.

analise a edição da referida legislação, justamente para se compreender o sentido do verbo "promover" referido no art. 3º da Lei 13.260 de 2016.

Nesse contexto, é de suma importância destacar que o projeto da referida legislação foi objeto de alguns vetos por parte da então Presidente da República Dilma Rousseff, sendo um dos vetos proferidos fundamental para a presente pesquisa.

A ex-mandatária vetou o artigo 4º, que tratava justamente da apologia e do incitamento de crimes terroristas previstos na lei, que também previa causa de aumento da pena quando da utilização da rede mundial de computadores:

> Art. 4º Fazer, publicamente, apologia de fato tipificado como crime nesta Lei ou de seu autor: Pena – reclusão, de quatro a oito anos, e multa.
> §1º Nas mesmas penas incorre quem incitar a prática de fato tipificado como crime nesta Lei.
> §2º Aumenta-se a pena de um sexto a dois terços se o crime é praticado pela rede mundial de computadores ou por qualquer outro meio de comunicação social.

Em suas razões do veto a ex-Presidente fundamenta que "o dispositivo busca penalizar ato a partir de um conceito muito amplo e com pena alta, ferindo o princípio da proporcionalidade e gerando insegurança jurídica", sendo ainda referido que, "da forma como previsto, não ficam estabelecidos parâmetros precisos capazes de garantir o exercício do direito à liberdade de expressão".[277]

A nosso humilde ver o veto presidencial contraria toda a tendência internacional anteriormente apresentada, em especial as resoluções da ONU que orientam os seus Estados membros a realizar o enfrentamento das condutas de apoio às organizações

---

[277] Disponívelem:<http://www2.camara.leg.br/legin/fed/lei/2016/lei-13260-16-marco-2016-782561-veto-149753-pl.html>.

terroristas e a proibir, justamente por lei, que indivíduos tenham conduta relacionada a incitação, justificação ou glorificação (apologia) de atos terroristas, os quais podem motivar a prática de novas ações de terror.

Referido artigo, em que pese ter sido vetado, trazia clara distinção entre incitamento e a apologia, evidenciando orientação legislativa da ONU e exemplos de Portugal, Espanha e França, cumprindo, pois, respeito justamente ao princípio da taxatividade explorado anteriormente.

Mais do que isso, o art. 3º, este não vetado, apresenta em sua tipificação o verbo "promover", o que evidencia, a nosso ver, que o legislador brasileiro tencionava justamente estabelecer tipos penais e sanções para condutas totalmente distintas: incitar, fazer apologia e promover.

Ao assim prever a legislação, e antes de sofrer veto parcial, consagravam-se e respeitavam-se os princípios abordados nesta pesquisa, avançando-se na temática de combate ao terrorismo e corrigindo tutela penal até então insuficiente, vaga e desatualizada.

A redação original, a nosso ver e contrariamente ao pensado pela anterior Presidente, constituiria fator de liberdade e de garantia de direitos de uma grande maioria, assegurando a proteção de direitos fundamentais referidos na Constituição Federal, cumprindo, pois, obediência com o princípio da proibição de proteção deficiente na medida em que trazia restrição de direitos para ações distintas.

Pois o veto presidencial, em nosso entendimento, além de apresentar contrariedade aos princípios da taxatividade e da proibição de proteção deficiente, acabou por dificultar a correta e necessária tipificação da apologia e o incitamento a atos terroristas previstos na Lei.

De qualquer forma, para o presente estudo, nos parece evidente que o legislador claramente diferenciou a apologia

("Fazer, publicamente, apologia de fato tipificado como crime nesta Lei ou de seu autor") do incitamento ("quem incitar a prática de fato tipificado como crime nesta Lei").

Interessante também observar que o legislador vinculou a apologia e o incitamento "de fato tipificado como crime na mesma Lei." Restou na lei brasileira a tipificação das condutas de "promover", "constituir", "integrar" ou "prestar auxílio" a organização terrorista. Entretanto, diferentemente da apologia e do incitamento, os verbos previstos no artigo 3º da Lei 13.260/2016 (promover, constituir, integrar ou prestar auxílio) são todos relacionados "a organização terrorista" na sua integralidade e ideologia, e não a atos terroristas ou de seu autor, isoladamente considerados[278].

Conforme referido pelo Magistrado sentenciante da Operação Hashtag, o dolo deste tipo penal é genérico, tratando-se "de tipo de ação múltipla e pluriofensivo cujas objetividades jurídicas são, primordialmente, a paz e a incolumidade públicas, mas também a vida, a integridade física e o patrimônio", sendo que "na modalidade 'promover', 'constituir' ou 'integrar' é crime permanente".

Sobre o sentido do verbo "promover" a Defensora Pública da União, conforme já destacado em capítulo anterior, sustentava não significar a promoção da ideologia terrorista,

> mas a promoção da própria organização, por meio de atos concretos que devem ultrapassar a seara da apologia ou da propaganda de ideais extremistas, mas sim concretamente direcionados à constituição e desenvolvimento da organização terrorista[279].

---

278 BRASIL. Justiça Federal, Seção Judiciária do Paraná. 14ª Vara Federal de Curitiba. Juiz Federal Marcos Josegrei da Silva. *Sentença exarada na ação penal nº 504686367.2016.4.04.7000/PR*. Disponível em: <https://www2.trf4.jus.br/trf4/controlador.php?acao=consulta_processual_pesquisa&strSecao=PR&selForma=NC>. Acesso em: 19 ago. 2017 (número do processo 5046863--67.2016.4.04.7000, chave 207557386816, evento 613).

279 BRASIL., Op. Cit., loc. Cit. BRASIL. Justiça Federal, Seção Judiciária do Paraná. 14ª Vara Federal de Curitiba. Juiz Federal MARCOS JOSEGREI DA SILVA.

Seria necessário, pois, "dolo direto de "promover" concretamente a organização terrorista" através de uma clara e inequívoca intenção de empreender esforços e ações concretas em prol da organização terrorista.

Martinelle e De Bem[280], também referidos na defesa dos investigados, criticam a novel lei e as suas normas de precaução, afirmando que "comportamentos comuns, mesmo que destinados à prática de atos de terror, não podem ser punidos criminalmente".

Ora, a lei não tem palavras mortas, não tendo sentido imaginar que o legislador usasse tantos e diferentes verbos na novel legislação se não fosse para justamente normatizar uma série de condutas, obedecendo assim o princípio da taxatividade e cumprindo respeito ao princípio da proibição de proteção deficiente.

Interessante trazer ensinamento de Andrei Schmidt acerca da taxatividade e da técnica legislativa, em que o autor destaca que incumbe ao legislador optar coerentemente por quais características entende como fundamentais para a "conotação de um termo", devendo esse mesmo legislador "determinar um critério através do qual um rótulo pode ser aplicado a uma classe de objetos".[281]

Pois em relação à novel Lei de Enfrentamento ao Terrorismo brasileira, ao menos em relação à tipificação do incitamento,

---

Sentença exarada na ação penal nº 504686367.2016.4.04.7000/PR. Disponível em: <https://www2.trf4.jus.br/trf4/controlador.php?acao=consulta_processual_pesquisa&strSecao=PR&selForma=NC>. Acesso em: 19 ago. 2017 (número do processo 5046863-67.2016.4.04.7000, chave 207557386816, evento 613).

280 MARTINELLE, João Paulo Orsini; SCHMITT DE BEM, Leonardo. *Os Atos Preparatórios na nova lei antiterrorismo. ESDPD, 03/11/2016.* Disponível em: <http://esdp.net.br/os-atos-preparatorios-na-nova-lei-antiterrorismo/>. Acesso em: 11 set. 2017.

281 SCHMIDT, Andrei Zenkner. *O princípio da legalidade penal no Estado Democrático de Direito.* Porto Alegre: Livraria do Advogado, 2001, p.238 e 239.

da apologia ao terrorismo e da promoção de organizações terroristas, nos parece exatamente ter sido essa a postura do legislador, que, assim, acabou por observar proporcionalmente o princípio da taxatividade e também o da proibição de proteção deficiente, não se vislumbrando, a nosso ver, vagueza ou polissemia na legislação.

Pelo contrário, a nova legislação brasileira atenta-se a componentes das organizações terroristas: a liderança, a ideologia, o recrutamento e a publicidade[282], sendo a promoção do terrorismo a forma moderna de dar publicidade à ideologia terrorista e ainda de cooptar novos combatentes.

O estudo comparado apresentado nesta pesquisa deixa claro que a legislação nacional, além de estar alinhada com resoluções de organismos internacionais, apresenta características e até "verbos" muito próximos aos das legislações espanhola, portuguesa e francesa.

Assim como nos referidos diplomas, a novel lei brasileira vincula a apologia aos delitos previstos nos artigos anteriores, ou seja, a crimes.

Por sua vez, a "promoção" fica vinculada às organizações terroristas, sendo, salvo melhor juízo, mais ampla que a mera apologia. Percebe-se, pois, no direito comparado moderno, a existência de dispositivos penais incriminando as condutas de promoção e propaganda de organizações e de atos terroristas.

Exigir do legislador da novel lei que os tipos penais de promoção de organização terrorista fossem compostos por elementares descritivas, usando a lição e as palavras de Ferrajoli,

---

[282] CRENSHAW, Martha. *The Causes of Terrorism*. Comparative Politics, 13(4), p. 379-399. 1981. Disponível em: <http://courses.kvasaheim.com/hist319a/docs/Crenshaw%201981.PDF>. Acesso em: 19 set. 2017.

seria uma completa "utopia liberal"[283], ainda mais se considerarmos a constante mudança e adaptação do fenômeno tratada neste estudo.

Neste diapasão, exigir-se elementares descritivas à promoção do terrorismo seria, a nosso ver, omitir e contrariar o princípio da proibição de proteção deficiente.

Sobre o significado do verbo "promover", entendemos perfeito o entendimento do Magistrado no caso sob exame:

> [...] Há uma profusão de significados para o verbo promover. Pode ter o sentido tanto de ser a causa de algo, quanto de proporcionar os meios para que alguma coisa ocorra, assim como fornecer impulso para a sua realização, ou ainda expressar solicitação, a prática material de uma conduta, ou, ainda, fazer propaganda positiva de algo.
> Portanto, promover equivale a diligenciar, esforçar-se, elevar, fomentar, encorajar, estimular, impelir, incentivar, instigar, motivar, causar, criar, originar, produzir, executar, realizar, anunciar, difundir, propagar, propalar ou publicar. O Dicionário Houaiss de Sinônimos e Antônimos lista nada menos do que 41 equivalências ao ato de promover (PubliFolha, 3ª ed.). [...]
> Promover deve ser entendido, no caso, como o ato de difundir, fomentar, encorajar, estimular, impelir, impulsionar, incentivar, instigar ou motivar organização terrorista, sempre tendo o cuidado de se evitar o ajustamento da conduta do simples exercício da liberdade de expressão ao tipo penal em referência. A promoção não pode ser entendida unicamente como um conjunto de ações materiais destinados a pôr em marcha uma célula terrorista, sob pena também de se retirar eficácia dos demais verbos contidos no mesmo artigo de lei ("constituir, integrar ou prestar auxílio").

---

283 FERRAJOLI, Luigi. *Direito e Razão: Teoria do Garantismo Penal.* Trad. Ana Paula Zomer Sica et al. 4. ed. São Paulo: Revista dos Tribunais, 2010, p. 42-44.

Nada disso deve ser confundido com o exercício dos direitos de crítica, de liberdade religiosa ou de expressão constitucionalmente garantidos[284].

Registre-se ainda que o princípio da taxatividade "exige que a lei determine de forma suficientemente diferenciada as distintas condutas puníveis e as penas que podem acarretar"[285], o que é de fato apresentado pela Lei 13.260/2016, conforme anteriormente demonstrado.

Assim, "o caminho da excelência moral está na moderação, ou seja, no equilíbrio dos meios capazes para a conciliação de duas metas antagônicas: segurança e justiça"[286].

Tal moderação se encontra presente na tipificação da promoção de organização terrorista prevista na lei contraterrorista brasileira, tendo a referida legislação, neste aspecto, "sintonia com o que vige nos países mais avançados, bem assim ajustada ao que proclamam os organismos multilaterais e a Constituição Federal".[287]

---

284 BRASIL. Justiça Federal, Seção Judiciária do Paraná. 14ª Vara Federal de Curitiba. Juiz Federal Marcos Josegrei da Silva. *Sentença exarada na ação penal nº 504686367.2016.4.04.7000/PR*. Disponível em: <https://www2.trf4.jus.br/trf4/controlador.php?acao=consulta_processual_pesquisa&strSecao=PR&selForma=NC>. Acesso em: 19 ago. 2017 (número do processo 5046863-67.2016.4.04.7000, chave 207557386816, evento 613).

285 SCHMIDT, Andrei Zenkner. *O princípio da legalidade penal no Estado Democrático de Direito*. Porto Alegre: Livraria do Advogado, 2001, p.249.

286 Ibid., p.243.

287 BRASIL. Justiça Federal, Seção Judiciária do Paraná. 14ª Vara Federal de Curitiba. Juiz Federal Marcos Josegrei da Silva. *Sentença exarada na ação penal nº 504686367.2016.4.04.7000/PR* Disponível em: <https://eproc.jfpr.jus.br/eprocV2/controlador.php?acao=acessar_documento_publico&doc=70149391823 6254880059217981419&evento=70149391823625488005921 8218638&key=6 23bed707401fc3e7b311d6980d1825b28feb36f33d909147b604282a71a45c5>. Acesso em: 19 ago. 2017.

CONCLUSÕES: a disseminação de ações e de ideologias extremistas e de radicalização violenta por meio da Internet e das redes sociais como exemplo de promoção de organização terrorista

> How we conceive of terrorism determines to a great extent how we go about countering it and what resources we devote to the effort[288].

Alertando para a sensibilidade do tema, Canotilho refere que a criminalidade organizada e terrorista (criminalidade dos novos tempos) representa um novo ciclo quanto às espécies de ameaças e em relação às contramedidas de combate a essas ameaças[289]. Pois justamente esse é o norte buscado nesta investigação: observar a nova arquitetura de segurança, a qual obrigatoriamente "tem de passar pelo teste de suportabilidade e sustentabilidade

---

288 CRELINSTEN, Ronald (2009). "Counterterrorism." Cambridge: Polity Press apud MATOS, Hermínio Joaquim de. "Contraterrorismo Ofensivo. O 'targeted killing' na eliminação de alvos terroristas: o caso dos EUA e de Israel." In *JANUS.NET e-journal of International Relations*, vol. 3, n° 2, outono 2012. Disponível em: <http://observare.ual.pt/janus.net/pt/component/content/article/66-portugues-pt/v-3-n-2-2012-outono/artigos/194-pt-pt_vol3_n2_art7>. Acesso em: 31 ago. 2017.

289 CANOTILHO, José Joaquim Gomes. "Terrorismo e Direitos Fundamentais." In: GUEDES VALENTE, Manuel Monteiro (coord.). *Criminalidade Organizada e Criminalidade de Massa. Interferências e Ingerências Mútuas*. Coimbra: Almedina, 2009, p. 29.

exigido pelas fundações jurídico-constitucionais do Estado de Direito"[290].

Como visto nesta pesquisa, explorando e manipulando sentimentos (efeitos psíquicos), o terrorismo busca muito mais do que a materialização do dano, mas principalmente a propagação da mensagem produzida e que acompanha este ato danoso[291]. No estágio atual de globalização "a natureza comunicacional do terrorismo depende da disposição dos meios de comunicação para o alcance de seu status e de seus objetivos".[292]

Destacando que o fenômeno político e social terrorista não existe sem o correspondente fenômeno comunicacional, Wainberg refere que

> se o ato terrorista fosse cometido e não houvesse alguém disponível para atentar ao fato e por ele ser de alguma forma coagido, surpreendido ou intimidado, poder-se-ia argumentar que o terror não existiria ou deixaria de existir[293].

Assim, resta evidente que o terrorismo é mais do que um método. A ampla variedade de atores e de organizações por trás do fenômeno terrorista contemporâneo e a sua identificação se mostram um robusto desafio, na medida em que o terrorismo é desencadeado por grupos diversificados que variam de atores individuais, que aparentemente não teriam ajudado ativamente na preparação ou execução de seus ataques, passando por células informais baseadas em redes sociais e que demonstram

---

290 Ibid., p. 30.

291 CALLEGARI, André Luís et al. *O crime de Terrorismo: Reflexões críticas e comentários à Lei de Terrorismo: de acordo com a Lei nº 13.260/2016*. Porto Alegre: Livraria do Advogado, 2016, p. 33-35.

292 Ibid., p. 33-35.

293 WAINBERG. Jacques A. *Mídia e Terror: comunicação e violência política*. São Paulo: Paulus, 2005, p. 63 e 34.

algum grau de compromisso com um movimento ou grupo, do qual recebem ajuda no planejamento e realização de ataques[294].

Em seus esforços de radicalização e recrutamento, grupos terroristas usam os meios de comunicação social em uma estratégia muito bem elaborada. No espaço virtual todos os grupos extremistas e terroristas fazem uso das redes sociais, sendo que a referida utilização cresce a passos largos[295].

Hodiernamente extremistas violentos como o autoproclamado Estado Islâmico do Iraque e Síria tornaram-se cada vez mais sofisticados na criação de redes densas e globais de suporte on-line, redes estas que estão ajudando o grupo a "rodar círculos virtuais" em torno dos governos e comunidades[296].

As organizações terroristas contemporâneas, cientes do imenso poder das mídias sociais (Twitter, Facebook, YouTube e outros), utilizam a Internet como uma ferramenta eficaz para distribuir propaganda e mensagens políticas. Essas e outras mídias tradicionais se juntam a atividades de bastidores destinadas a promover a ideologia organizacional e a recrutar novos membros e recursos[297].

A disseminação de ações ou de ideologia extremista e de radicalização violenta constituem

> fenômenos amplamente potenciados pelo generalizado acesso a tecnologias de informação e comunicação, que permitem

---

294 CRENSHAW, Martha; LAFREE, Gary. *Countering Terrorism*. Washington, D.C.: Brookings Institution Press, 2017, p. 126.

295 STERN, Jessica; BERGER, J.M. *Estado Islâmico, Estado de Terror*. Rio Tinto: Vogais, 2015, p. 169.

296 WIKTOROWICZ, Quintan e; AMANULLAH, Shahed. *How Tech Can Fight Extremism*. CNN News, Feb. 17, 2015. Disponível em: <http://edition.cnn.com/2015/02/16/opinion/wiktorowicz-tech-fighting-extremism/index.html>. Acesso em: 28 ago. 2017.

297 KOREN, Tal; SIBONI, Gabi. "Cyberspace in Service of ISIS." *INSS Insight*, nº 601, 4 set. 2014. Disponível em: <http://www.inss.org.il/publication/cyberspace-in-the-service-of-isis/>. Acesso em: 29 ago. 2017.

consolidar, à escala global, não só os objectivos e ideologia, como também a eficácia operativa do terrorismo jihadista global[298].

Registre-se, dentro de todo contexto midiático tratado nesta pesquisa, a capilaridade da organização terrorista Estado Islâmico, de ideologia extremista ainda maior que a da Al-Qaeda. Referido extremismo ideológico da organização é potencializado e combinado com experiência de guerrilha, ensinamentos profissionais militares, fluxo constante de fundos e de recrutamento e ainda um grande arsenal de armas e de militantes, que tornam o Estado Islâmico tão poderoso[299].

Nesse cenário de "diálogo do terror", em que a Internet e as redes sociais atuam como multiplicadores das modernas organizações terroristas, favorecendo sobremaneira o recrutamento e a adesão de novos terroristas, observa-se uma reação por parte dos Estados (resposta contraterrorista), dentro de uma recente e cada vez maior adoção de políticas de monitoramento constante e preventivo das redes sociais[300].

No âmbito da promoção e da publicidade das organizações terroristas a prevenção mostra-se fundamental e decisiva para o impedimento de um estágio precursor de ações terroristas, impedindo o posterior recrutamento e radicalização de novos atores.

Assim, nos alinhamos ao entendimento de Matos, especialista no tema e que afirma que "a prevenção é o instrumento da

---

298 MATOS, Hermínio Joaquim de. Contraterrorismo e contrarradicalização: mitigar ou exacerbar da violência? In *JANUS 2014, Anuário de Relações Exteriores, UAL*, 16 (Junho). Disponível em: <http://janusonline.pt/images/anuario2014/3.26_HerminioMatos_Contraterrorismo.pdf>. Acesso em: 31 jul. 2017.

299 *THE ISLAMIC State of Iraq and Syria: The History of ISIS/ISIL*. Cambridge, Massachusetts: Charles River Editors, 2014.

300 MATOS, Hermínio Joaquim de. "Contraterrorismo e contrarradicalização: mitigar ou exacerbar da violência?" In *JANUS 2014, Anuário de Relações Exteriores, UAL, 16* (Junho). Disponível em: <http://janusonline.pt/images/anuario2014/3.26_HerminioMatos_Contraterrorismo.pdf>. Acesso em: 31 jul. 2017.

panóplia contraterrorista que permite, com antecipação, identificar, localizar e desarticular uma ação terrorista, em fase de planejamento ou já em curso". [301] Enquanto não é possível desbaratar os grupos terroristas, devem ser frustrados seus intentos (neutralização dos grupos), impedindo a ocorrência de atentados, o que exige um grande investimento em inteligência[302].

Entendemos que, no mundo moderno e globalizado, prevenir a promoção dos ideais terroristas por meio das redes sociais e da Internet atacaria justamente a natureza comunicacional do terrorismo, que ficaria comprometida e faria com que as organizações terroristas perdessem terreno. Nesse sentido interessante lição de Selim (tradução nossa):

> Prevenir a próxima geração de recrutas para o terrorismo tornou-se mais importante do que nunca. Há uma geração atrás, os indivíduos podiam ter sido radicalizados por membros de suas comunidades locais ao longo de vários anos; agora, enquanto isso ainda ocorre, é muito mais comum se auto radicalizar on-line[303].

Evidente, no nosso entender, que coibir e também punir a disseminação de ações ou de ideologias extremistas e de radicalização violenta através da Internet e das redes sociais, para muito, além de prevenir o terrorismo, constitui-se, em verdade,

---

301 Ibidem. MATOS, Hermínio Joaquim de. "Contraterrorismo e contrarradicalização: mitigar ou exacerbar da violência?" In *JANUS 2014, Anuário de Relações Exteriores, UAL, 16* (Junho). Disponível em: <http://janusonline.pt/images/anuario2014/3.26_HerminioMatos_Contraterrorismo.pdf>. Acesso em: 31 jul. 2017.

302 DINIZ, Eugênio. "Compreendendo o fenômeno do terrorismo." In: BRIGADÃO, C.; PROENÇA JR., D. *Paz e terrorismo*. São Paulo: Hucitec, 2004, p. 197-222.

303 "Preventing the next generation of recruits to terrorism has become more important than ever. A generation ago, individuals may have been radicalized by members of their local communities over the course of several years; now, while that still takes place, it is far more common to self-radicalize online. SELIM, George." *Approaches for Countering Violent Extremism at Home and Abroad*. ANNALS, AAPSS, 668, Nov. 2016.

em uma efetiva e necessária resposta ao fenômeno. O simples acompanhamento e monitoramento de redes sociais não esgota a ameaça do terrorismo, havendo uma imensa dificuldade de regular e controlar o acesso às redes sociais por organizações terroristas (*terrorist use of Internet*).

Surge nesta dificuldade de controle a indispensável necessidade de criação de uma legislação sistemática específica para evitar ou prevenir os incidentes, posto que inúmeros dispositivos penais existentes não respondem ao fenômeno[304]. Havia mais de trinta anos Fraga Iribarne já alertava que a luta contra o terrorismo deveria ser total, necessitando a adoção de uma série de medidas, dentre elas a melhora e adequação do tratamento judicial e informativo do tema, utilizando para tanto todos os meios do estado de direito[305].

Importante observar o necessário e inafastável equilíbrio entre segurança estatal e direitos fundamentais. A esse respeito Freitas do Amaral destaca que "o problema essencial que o terrorismo internacional de grande envergadura põe ao Direito é o de encontrar um novo equilíbrio entre as necessidades da segurança nacional e as do respeito pelos direitos fundamentais".[306]

Nesse sentido concordamos totalmente com Lasmar acerca da necessidade de compreensão de que os atentados terroristas resultam de extensa "cadeia de ações", racionalmente planejadas e interconectadas e que,

---

[304] LASMAR, Jorge Mascarenhas. "A legislação brasileira de combate e prevenção do terrorismo quatorze anos após 11 de Setembro: limites, falhas e reflexões para o futuro." *Revista de Sociologia e Política*, v. 23, n. 53, p. 47-70, mar. 2015. Disponível em: <http://revistas.ufpr.br/rsp/article/view/40236>. Acesso em: 17 set. 2017.

[305] IRIBARNE, Manuel Fraga. "El terrorismo hoy". In: MOREIRA, Adriano (coord.). *Terrorismo*. 2. ed., Coimbra: Almedina, 2004, p.188 e 192.

[306] AMARAL, Diogo Freitas do. *Do 11 de Setembro à crise do Iraque*. 5. ed. Lisboa: Bertrand, 2003, p. 21.

em realidade, qualquer ataque é precedido por uma série de atividades interconectadas como recrutamento, radicalização e difusão de ideias, financiamento, treinamento, logística, administração de recursos materiais, compartilhamento de conhecimento e materiais, planejamento, vigilância etc.

Após o ataque,

> o grupo terrorista ainda se engaja em outras atividades como fuga e evasão dos terroristas sobreviventes, difusão e propaganda dos fatos e ideologias radicais do grupo/indivíduo, exploração política e ideológica dos atentados etc.[307].

A nosso ver, o combate a grupos terroristas em atividade, diante da utilização farta de ideologia por meio de redes sociais e da Internet, deve passar justamente pelo enfrentamento de sua propaganda, sendo essa propaganda um ingrediente indissociável do resultado das ações terroristas recentes.

Na linha de Aly, os "líderes de opinião", no contexto da mídia contemporânea, podem ser blogueiros, administradores de fóruns ou usuários de redes sociais que estabelecem sua autoridade social influenciando o público através de plataformas interativas. Enquanto as atividades acadêmicas na área do extremismo e da radicalização da Internet se concentram no conteúdo dos sites jihadistas e buscam respostas acerca de quem são os extremistas, qual é a sua mensagem e como eles usam a Internet, pouca ou nenhuma atenção foi dada ao público como agente ativo no processo de transferência de mensagens, influência e doutrinação[308].

---

307 LASMAR, Jorge Mascarenhas. "A legislação brasileira de combate e prevenção do terrorismo quatorze anos após 11 de Setembro: limites, falhas e reflexões para o futuro." *Revista de Sociologia e Política*, v. 23, n. 53, p. 47-70, mar. 2015. Disponível em: <http://revistas.ufpr.br/rsp/article/view/40236>. Acesso em: 17 set. 2017.

308 ALY, Anne. "An audience-focused approach to examining religious extremism online." *Australian Journal of Communication*, vol. 39 (1), 2012.

Ao término deste trabalho é de se concluir que a sociedade contemporânea vive uma fase de transição para uma nova onda do terrorismo, ainda mais perigosa e delicada, o que impõe uma preparação e atuação mais moderna e eficiente dos Estados. Justamente nesse aspecto que se foca a pesquisa. Entendemos que a promoção do terrorismo e de suas organizações, por meio das redes sociais, é um fenômeno moderno, o que, no entanto, não afasta a consciência e voluntariedade do agente que livremente opta por assim agir. Mais que isso, por todas as razões detalhadas nesta pesquisa, entendemos que promover a organização terrorista é efetivamente uma das sequências do terror, configurando-se, portanto, em crime (fato típico, antijurídico e culpável).

Assim, e aqui divergindo frontalmente da tese apresentada pela defesa na Operação Hashtag e ainda de alguns doutrinadores, entendemos que no século XXI não existem mais "meras manifestações de apoio ou simpatia à ocorrência de atentados ou de simpatia a ideais extremistas". Tais práticas, muito mais do que uma simples manifestação de opinião, são condutas efetivas e criminosas, que acarretam e exigem uma resposta penal por parte do Estado, que, assim agindo, cumpre e executa "taxativamente" a lei e, cumpre seu mister de dar proteção ao cidadão.

Também não podemos concordar com críticas ao tipo penal de promoção de organização terrorista no sentido de que "comportamentos comuns, mesmo que destinados à prática de atos de terror, não podem ser punidos criminalmente". Hoje, um terrorista individual pode fazer guerra em toda uma sociedade[309]. Pois o terrorista contemporâneo pratica exatamente comportamentos comuns, que em séculos (ou milênios) atrás evidentemente não se imaginava que pudessem se converter em ações do terror.

---

309 HALVERSON, Jeffry R.; WAY, Amy K. "The curious case of Colleen LaRose: Social margins, new media, and online radicalization." *Media, War & Conflict* 5(2) 139-153, 2012.

Conforme destacado por Gardini, as organizações terroristas "encontram no ciberespaço a possibilidade de divulgar e propagar seus ideais em uma escala mundial", sendo que

> o aperfeiçoamento dos grupos nas questões cibernéticas resulta na utilização do poder no ciberespaço de uma forma mais eficaz para seus objetivos, o que torna ainda mais importante a discussão desta questão para as relações internacionais, devido à ameaça que elas trazem para o cenário mundial[310].

Fundamental o alerta de Valente de que "o fenómeno terrorista inflacionou a teoria do Direito penal preventivo subjugado à lógica da guerra preventiva e transformou o Direito penal do terrorismo em Direito penal do inimigo".[311] Entretanto, no caso brasileiro, especificamente no aspecto da promoção do terrorismo por meio das redes sociais e da Internet, entendemos ter ocorrido uma moderna e adequada legislação, que segue destacados modelos internacionais.

Imperioso observar por fim que diante do ordenamento jurídico brasileiro a definição de uma organização terrorista resta plenamente submetida ao princípio da taxatividade, merecendo ainda ser destacado que o núcleo do tipo penal previsto na novel lei e tratado nesta pesquisa é "promover, constituir, integrar ou prestar auxílio". Nesse diapasão, conforme referido na pesquisa, tratados ratificados pelo Brasil com organismos internacionais reconhecem, nominalmente, como organizações terroristas, os grupos de vertente islâmica, notadamente o Estado Islâmico. Assim, a definição da expressão "organização

---

310 GARDINI, Mayara Gabrielli. "Terrorismo no ciberespaço: o poder cibernético como ferramenta de atuação de organizações terroristas." *Fronteira – Revista de Iniciação Científica em Relações Internacionais*, Belo Horizonte, v. 13, n. 25 e 26, 2014.

311 VALENTE, Manuel Monteiro Gudes. *Direito Penal do Inimigo e o Terrorismo: O "Progresso ao Retrocesso."* São Paulo: Almedina, 2016, p 31.

terrorista" ficou claramente estabelecida em nosso ordenamento jurídico por meio de decretos que ratificam o entendimento da ONU. Ademais, o Brasil reconhece formalmente o Estado Islâmico como organização terrorista[312].

Os alvos da operação tinham, conforme evidenciado na investigação da Polícia Federal do Brasil (confirmada na sentença de 1° grau), envolvimento justamente na promoção da organização terrorista Estado Islâmico.

A nosso ver, a novel lei, ao tipificar a promoção do terrorismo, longe está de se caracterizar como o "Direito Penal de exceção" de Ferrajoli, pois, para tanto, necessitaria ser uma legislação de exceção em relação à Constituição, que provocasse a mutação legal das regras do jogo[313][314]. Da mesma forma, a legislação e a sua aplicação, em nossa visão, ao passo que enfrenta o moderno terror, respeita e não fere direitos humanos, como preconiza Piovesan[315].

---

312 BRASIL. Diário Oficial da União. *Decreto n° 8.799 de 06 de julho de 2016.* Dispõe sobre a execução, no território nacional, da Resolução 2253 (2015), de 17 de dezembro de 2015, do Conselho de Segurança das Nações Unidas, que atualiza e fortalece o regime de sanções, imposto pela Resolução 1267 (1999), relativo ao Estado Islâmico no Iraque e no Levante e à Al-Qaeda. Brasília, DF, 2016. Disponível em: <http://www.planalto.gov.br/ccivil_03/_ato2015-2018/2016/decreto/D8799.htm>. Acesso em: 13 jul. 2017.

313 FERRAJOLI, Luigi. *Direito e Razão: Teoria do Garantismo Penal.* Trad. Ana Paula Zomer Sica et al. 4. ed. São Paulo: Revista dos Tribunais, 2010, p. 746.

314 "Não se ignora que a lei antiterrorismo pátria é também fruto de influências que ultrapassam suas fronteiras. O Grupo de Ação Financeira contra a Lavagem de Dinheiro e o Financiamento do Terrorismo teria falado em suspender o Brasil, caso o País não produzisse normas jurídicas incriminadoras sólidas para enfrentamento do terrorismo e seu financiamento." CABETTE, Eduardo Luiz Santos; NAHUR, Marcius Tadeu Maciel. *Terrorismo: Lei 13.260/16 Comentada.* Rio de Janeiro: Freitas Bastos, 2017, p. 85.

315 PIOVESAN, Flávia. Comentários ao art. 4°, VIII. In: CANOTILHO, J. J. Gomes; MENDES, Gilmar Ferreira; SARLET, Ingo Wolfgang; STRECK, Lenio Luiz (coords.). *Comentários à Constituição do Brasil.* São Paulo: Saraiva/Almedina, 2013, p. 175.

Por tudo que foi explorado na pesquisa, não nos parece que a tipificação do ato de promover a organização terrorista se afaste do paradigma da punição pela prática de um fato. Muito pelo contrário, está se tipificando uma prática de adesão e de promoção voluntária a redes terroristas, as quais se formam muitas vezes de modo informal, mas que pertencem e propagam estratégia estritamente comunicacional da organização terrorista (promoção ao terror).

Concluímos que a ação desencadeada pela Polícia Federal do Brasil, com base na nova legislação, soube de forma moderna e contemporânea tipificar uma conduta indissociável do terrorismo praticado (infelizmente) na atualidade, sem haver restrição indevida a garantias ou a direitos fundamentais. Entendemos que a promoção de organizações terroristas prevista em lei assume sensível papel na medida em que a Internet e as redes sociais, hodiernamente, possuem uma íntima relação de cumplicidade com o terrorismo, servindo inegavelmente de estratégia de comunicação e de capilaridade para organizações terroristas.

Ao tipificar taxativamente tal conduta ("promover" organização terrorista), reprimindo-a, ao mesmo tempo que se preserva os direitos da maioria dos cidadãos (cumprindo e operacionalizando o princípio da proibição de proteção deficiente), também se aplica aos infratores uma norma e uma sanção previamente estabelecidas, sem deixar de preservar os direitos, liberdades e garantias que o Estado Democrático preconiza.

Parece-nos, pois, que a promoção de organizações terroristas por meio da plataforma das redes sociais e da Internet é uma etapa indispensável de uma "sequência de ações", sendo uma parte fundamental da estratégia do terror. Evidente que a ação terrorista propriamente dita, ou a sua execução, é o ato que exterioriza toda radicalização. Entretanto, esse ato de execução nasce ou aflora quando da promoção dos ideais radicais.

Há que se compreender que estamos no século da instantaneidade on-line, do imediato, do automático, e estar nessa modernidade acarreta responsabilidades e consequências bastante sensíveis e graves. Embora a sociedade não tenha percebido isso, as organizações terroristas contemporâneas o fizeram e foram ainda mais longe, souberam, com maestria, manipular todo um sistema e difundir o "terror moderno", enquanto a sociedade, atônita, apenas observa passivamente.

O que concluímos é que a promoção do terrorismo e de suas organizações por meio da rede mundial é, na verdade, uma das novas e perversas formas do terrorismo contemporâneo. Longe de estarmos a defender um posicionamento radical, policialesco ou ainda a efetivação do direito penal do inimigo, e considerando tudo que foi largamente pesquisado e tratado neste trabalho, entendemos que chegamos a um estágio tal da sociedade que um simples clique pode ser tão ou mais perverso que o disparo de uma arma de fogo. Um simples clique pode decidir o destino de muito mais vidas que um artefato explosivo. Um simples clique tem efeitos e consequências nunca antes imaginados.

Importante referir que o Recurso de Apelação relacionado à Operação Hashtag começou a ser julgado pelo Tribunal Regional Federal da 4ª Região no dia 24 de abril, sendo suspenso para re--análise do Desembargador Relator MÁRCIO ANTONIO ROCHA. No dia 08/05/2018 a sessão foi retomada e, após o voto do Relator (voto ainda não disponibilizado quando do fechamento da edição desta obra) e ainda da Desembargadora Federal Salise Sanchotene, ocorreu pedido de vista dos autos pela Desembargadora Federal Cláudia Cristofani. O julgamento foi suspenso com o placar de 2 a 0 pela manutenção da condenação de primeiro grau, circunstância que, na visão deste autor confirma a coerência e adequação da operação deflagrada pela Polícia Federal, bem como à exatidão da sentença exarada em sede de primeiro grau.

REFERÊNCIAS

AHMARI, Sohrab. *Inside the Mind of the Western Jihadist*. Disponível em: <https://www.wsj.com/articles/sohrab-ahmari-inside-the-mind-of-the-western-jihadist-1409352541>. Acesso em: 19 ago. 2017.

ALARID, Maeghin. "Recruitment and Radicalization: The Role of Social Media and New Technology." In HUGHES, Michelle; MIKLAUCIC, Michael (eds.). *Impunity: Countering Illicit Power in War and Transition*. Washington: Center for Complex Operations, 2016, p. 313-329. Disponível em: <http://cco.ndu.edu/Portals/96/Documents/Impunity/Impunity%20FINAL%20for%20Web.pdf>. Acesso em: 29 ago. 2017.

ALEXY, Robert. *El concepto y la validez del derecho*. 2. ed. Barcelona: Gedisa, 1997.

ALI, Mah-Rukh. *ISIS and propaganda: how ISIS Exploits Women*. Reuters Institute For the Study of Journalism. Oxford: University of Oxford, 2015.

ALMEIDA, Débora de Souza de; et al. *Terrorismo: Comentários, artigo por artigo, à Lei 13.260/2016; Aspectos Criminológicos e Político-Criminais*. Salvador: Juspodivm, 2017.

ALY, Anne. "An audience-focused approach to examining religious extremism online." *Australian Journal of Communication*, vol. 39 (1), 2012.

AMARAL, Diogo Freitas do. *Do 11 de Setembro à crise do Iraque*. 5. ed. Lisboa: Bertrand, 2003.

AREND, Hugo. "O 11/9 e Seus Significados Teóricos e Políticos para a Segurança Internacional." In: BORGES, Rosa Maria Zaia; AMARAL, Augusto Jobim do; PEREIRA, Gustavo Oliveira de Lima (Orgs.). *Direitos Humanos e Terrorismo*. Porto Alegre: EDIPUCRS, 2014, v. 1.

ASAL, Victor; NUSSBAUM, Brian; HARRINGTON, D. William. "Terrorism and Transnacional Advocacy. Terrorism as Transnational

Advocacy: An Organizational and Tactical Examination." *Studies in Conflict & Terrorism*, vol. 30. New York: Routledge, 2007.

BAKKER, Edwin. *Terrorism and Counterterrorism Studies: Comparing Theory and Practice*. Leiden: Leiden University Press, 2015.

BALESTRERI, Ricardo Brisolla. *Direitos Humanos: coisa de polícia*. Passo Fundo: Gráfica e Editora Berthier, 2002.

BARATTA, Alessandro. *Criminología y sistema penal*. Montevideo-Buenos Aires: Editorial B de F, 2004.

BARRETT, Richard. *The Islamic State. The Soufan Group*. 2014. Disponível em: <http://soufangroup.com/wp-content/uploads/2014/10/TSG-The-Islamic-State-Nov14.pdf>. Acesso em: 29 ago. 2017.

BECCARIA, Cesare. *Dos delitos e das penas*. São Paulo: Martins Fontes, 1991.

BECK, Glenn. *It is About Islam: Exposing the Truth About ISIS, Al Qaeda, Iran, and the Caliphate*. New York: Threshold Editions/Mercury Radio Arts, 2015.

BERNTSEN, Gary. *Human intelligence, counterterrorism, and national leadership: a practical guide*. Washington, D.C.: Potomac Books, 2008.

BLATT, Erick Ferreira. *Estudos Sobre o Terrorismo no Brasil: Subsídios Visando sua Prevenção Durante a Copa de 2014 e as Olimpíadas de 2016*. Trabalho de Conclusão de Curso apresentado à Academia Nacional de Polícia como exigência parcial para obtenção do título de Especialista em Ciência Policial e Investigação Criminal. Brasília, DF: Academia Nacional de Polícia Federal, 2012.

BRANT, Leonardo Nemer C.; LASMAR, Jorge Mascarenhas. "O Direito Internacional e Terrorismo Internacional: Novos Desafios à Construção da Paz." In: BRIGAGÃO, Clóvis; PROENÇA JR., Domício. *Paz e terrorismo: textos do Seminário Desafios para a política de segurança internacional*. São Paulo: Hucitec, 2004.

BUENO, Sidney Silva. "Apoderamento Ilícito de Aeronaves e Terrorismo." *Revista Brasileira de Ciências Policiais*. Brasília, DF: Revista da Academia Nacional de Polícia-ANP, v. 3, n. 1, 2012.

CABETTE, Eduardo Luiz Santos; NAHUR, Marcius Tadeu Maciel. *Terrorismo: Lei 13.260/16 Comentada*. Rio de Janeiro: Freitas Bastos, 2017.

CALLEGARI, André Luís et al. *O crime de Terrorismo: Reflexões críticas e comentários à Lei de Terrorismo: de acordo com a Lei nº 13.260/2016.* Porto Alegre: Livraria do Advogado, 2016.

CANOTILHO, J. J. Gomes; MENDES, Gilmar Ferreira; SARLET, Ingo Wolfgang; STRECK, Lenio Luiz (coords.). *Comentários à Constituição do Brasil.* São Paulo: Saraiva/Almedina, 2013.

CANOTILHO, José Joaquim Gomes. "Terrorismo e Direitos Fundamentais." In: VALENTE, Manuel Monteiro Guedes (coord.). *Criminalidade Organizada e Criminalidade de Massa. Interferências e Ingerências Mútuas.* Coimbra: Almedina, 2009,

CAPEZ, Fernando. *Legislação penal especial.* 5. ed. v.1. São Paulo: Ed. Damásio de Jesus, 2006.

CARDOSO, Tatiana de Almeida Freitas R. "A mundialização do terrorismo: a (re)definição do fenômeno após o 11 de Setembro." In: BORGES, Rosa Maria Zaia; AMARAL, Augusto Jobim do; PEREIRA, Gustavo Oliveira de Lima (Org.). *Direitos Humanos e Terrorismo.* Porto Alegre: EDIPUCRS, 2014.

CARLOMAGNO, Fernando. *O Princípio da Legalidadeou da Reserva Legal do Direito Penal.* Disponível em <http://www.buscalegis.ufsc.br/revistas/files/anexos/11523-11523-1-PB.htm>. Acesso em: 26 ago. 2017.

CASTRO, Henrique Hoffmann Monteiro de; COSTA, Adriano Sousa. "Lei antiterrorismo inova com a tentativa antecipada do crime." *Revista Consultor Jurídico*, 20 abr. 2016. Disponível em: <http://www.conjur.com.br/2016-abr-20/lei-antiterrorismo-inova-tentativa--antecipada-crime#author>. Acesso em: 02 ago. 2017.

CERQUEIRA, Antonio Alberto do Vale; ANTUNES, Priscilla de Almeida. *Mecanismos de defesa da ordem democrática e terrorismo internacional.* Disponível em: <http://www.unieuro.edu.br/downloads_2005/consilium_02_04.pdf>. Acesso em: 15 abr. 2013.

CONDE, Francisco Muñoz. *Teoria Geral do Delito.* Trad. Juarez Tavares e Luiz Regis Prado. Porto Alegre: Fabris, 1988.

CORREIA, Gonçalo. "O Estado Islâmico e a Internet: onde e como eles recrutam. *Observador.* Disponível em: <http://observador.pt/2015/11/20/o-estado-islamico-e-a-internet-onde-e-como--recruta/>. Acesso em: 18 ago. 2017.

CORTE INTERAMERICANA DE DERECHOS HUMANOS. *Caso Norín Catrimán e outros (dirigentes, membros e ativistas do povo indígena Mapuche) X Chile*. Sentencia de 29/05/2014. Disponível em: <http://www.corteidh.or.cr/docs/casos/articulos/seriec_279_esp.pdf>. Acesso em: 11 set. 2017.

COSTA, José de Faria. *Noções fundamentais de direito penal (fragmenta iuris poenalis)*. 2. ed. Coimbra: Coimbra, 2010.

COUTINHO, Leonardo. *Turning the Tables: How Brazil Defeated an ISIS Threat*. Center for a Secure Free Society: Global Dispatch. Set. 2017. Disponível em: <http://www.securefreesociety.org/wp-content/uploads/2017/09/SFS-Global-Dispatch-Issue-5-1.pdf>. Acesso em:05 out. 2017.

CRELINSTEN, Ronald (2009). "Counterterrorism". Cambridge: Polity Press apud MATOS, Hermínio Joaquim de. Contraterrorismo Ofensivo. O 'targeted killing' na eliminação de alvos terroristas: o caso dos EUA e de Israel. In *JANUS.NET e-journal of International Relations*, nol. 3, n° 2, outono 2012. Disponível em: <http://observare.ual.pt/janus.net/pt/component/content/article/66-portugues-pt/v-3-n-2-2012-outono/artigos/194-pt-pt_vol3_n2_art7 >. Acesso em: 31 ago 2017.

CRENSHAW, Martha; LAFREE, Gary. *Countering Terrorism*. Washington, D.C.: Brookings Institution Press, 2017.

CRENSHAW, Martha. *The Causes of Terrorism. Comparative Politics*, 13(4), p. 379-399. 1981. Disponível em: <http://courses.kvasaheim.com/hist319a/docs/Crenshaw%201981.PDF>. Acesso em: 19 set. 2017.

CRETELLA NETO, José. *Terrorismo Internacional: Inimigo sem rosto — combatente sem pátria*. Campinas: Millennium, 2008.

DINIZ, Eugênio. "Compreendendo o fenômeno do terrorismo." In: BRIGADÃO, C.; PROENÇA JR., D. *Paz e terrorismo*. São Paulo: Hucitec, 2004.

DOLNIK, Adam. *Understanding Terrorist Innovation. Technology, Tactics and Global Trends*. Oxon: Routledge, 2007.

DOTTI, René Ariel. *Curso de direito penal: parte geral*. 4. ed. rev. atual. e ampliada. Colaboração Alexandre Knopfholz e Gustavo Britta Scandelari. São Paulo: Revista dos Tribunais, 2012.

FELDENS, Luciano. *Direitos fundamentais e direito penal: a constituição penal*. 2. ed. rev. e ampliada. Porto Alegre: Livraria do Advogado.

FERNANDES, Luís Miguel Fiães. "As sociedades contemporâneas e a ameaça terrorista." In: MOREIRA, Adriano (coord.). *Terrorismo*. 2. ed. Coimbra: Almedina, 2004, 2012.

FERRAJOLI, Luigi. *Direito e Razão: Teoria do Garantismo Penal*. Trad. Ana Paula Zomer Sica et al. 4. ed. São Paulo: Revista dos Tribunais, 2010.

FONSECA, Guilherme Damasceno; LASMAR, Jorge Mascarenhas. *Passaporte para o Terror: os voluntários do Estado Islâmico*. Curitiba: Appris, 2017.

FORTEA, Francisco Javier Jiménez. In MASFERRER, Aniceto. *Estado de derecho y derechos fundamentales en la lucha contra el terrorismo una aproximación multidisciplinar (histórica, jurídico-comparada, filosófica y económica)*. Thomson: Reuters, 2011.

FRAGOSO, Heleno Cláudio. Para uma interpretação democrática da Lei de Segurança Nacional. *O Estado de São Paulo*, 21/04/1983.

FRAGOSO, Heleno Cláudio. *Terrorismo e criminalidade política*. Rio de Janeiro: Forense, 1981.

FREITAS, Juarez. "Princípio da Precaução: vedação de excesso e de inoperância." *Revista Interesse Público*. Porto Alegre: Notadez, ano VII, 2006, n. 35.

GARCIA, Francisco Proença. *Da Guerra e da Estratégia. A nova Polemologia*. Lisboa: Prefácio Editora, 2010.

GARDINI, Mayara Gabrielli. "Terrorismo no ciberespaço: o poder cibernético como ferramenta de atuação de organizações terroristas." *Fronteira – Revista de Iniciação Científica em Relações Internacionais*, Belo Horizonte, v. 13, n. 25 e 26, 2014.

GOBIERNO DE ESPAÑA – Agência Estatal. *Boletín Oficial del Estado*. Disponível em: <https://boe.es/legislacion/codigos/codigo.php?id=038_Codigo_Penal_y_legislacion_complementaria&modo=1>. Acesso em: 29 ago. 2017.

GOMES, Luiz Flávio. *Princípio da proibição de proteção deficiente*. Disponível em: <http://ww3.lfg.com.br/public_html/article.php?story=2009120712405123&mode=print>. Acesso em: 05 abr. 2013.

GONÇALVES, Joanisval Brito; REIS, Marcus Vinícius. *Terrorismo: Conhecimento e Combate*. Niterói: Impetus, 2017.

GRECO, Rogério. *Curso de Direito Penal – Parte Geral*. 4. ed. Rio de Janeiro: Impetus, 2004.

GUIMARÃES, Marcello Ovidio Lopes. *Tratamento Penal do Terrorismo*. São Paulo: Quartier Latin, 2007.

HALVERSON, Jeffry R.; WAY, Amy K. "The curious case of Colleen LaRose: Social margins, new media, and online radicalization." In *Media, War & Conflict* 5(2) 139-153, 2012.

HOBSBAWM, Eric. *Globalização e terrorismo*. Trad. José Viegas. São Paulo: Companhia das Letras, 2007.

HOFFMAN, Bruce. "Rethinking Terrorism and Counterterrorism Since 9/11." In *Journal Studies in Conflict & Terrorism*, vol. 25, n° 5, p. 303-316, 2002. Disponível em: <http://www.tandfonline.com/doi/pdf/10.1080/105761002901223?needAccess=true>. Acesso em: 08 set. 2017.

IACCINO, Ludovica. *Isis Insurgents Tweet Picture of Beheaded Man: 'This is our ball. It's made of skin #WorldCup'*. Disponível em: <http://www.ibtimes.co.uk/isis-insurgents-tweet-picture-beheaded-man-this-our-ball-its-made-skin-worldcup-1452643>. Acesso em: 09 ago. 2017.

IBOPE INTELIGÊNCIA. "Confiança no presidente, governo federal e Congresso Nacional é a menor em 9 anos." Disponível em: <http://www.ibopeinteligencia.com/noticias-e-pesquisas/confianca-no-presidente-governo-federal-e-congresso-nacional-e-a-menor-em-9-anos/>.

INSTITUTE FOR ECONOMICS & PEACE. *Global Terrorism Index 2016*. Disponível em: <http://visionofhumanity.org/app/uploads/2017/02/Global-Terrorism-Index-2016.pdf>. Acesso em: 26 ago. 2017.

IRIBARNE, Manuel Fraga. *El terrorismo hoy*. In: MOREIRA, Adriano (coord.). *Terrorismo*. 2. ed. Coimbra: Almedina, 2004.

JACINI, Wantuir Francisco Brasil. "Terrorismo: atuação da Polícia Federal." *Revista CEJ*, n.18, jul./set. 2002.

JAKOBS, Günther; MELIÁ, Manuel Cancio. *Direito Penal do inimigo: noções e críticas*. 6 ed., trad. de André Luís Callegari e Nereu José Giacomolli. Porto Alegre: Livraria do Advogado, 2012.

JORGE, Estêvão Luís Lemos. *O Contraditório no inquérito policial à luz dos princípios constitucionais*. 2011.125 f. Dissertação (Mestrado em Direito). Universidade Estadual Paulista. Faculdade de Ciências Humanas e Sociais. Franca, 2011. Disponível em: <http://www.franca.unesp.br/Home/inform/estevao.pdf>. Acesso em: 29 jul. 2017.

KI-MOON, Ban. Secretary-General of the United Nations. United Nations Office On Drugs And Crimes. *The use of the internet for terrorist purposes*. Viena: United Nations, 2012. Disponível em: <http://www.unodc.org/documents/frontpage/Use_of_Internet_for_Terrorist_Purposes.pdf>. Acesso em: 21 ago. 2017.

KOREN, Tal; SIBONI, Gabi. "Cyberspace in Service of ISIS." *INSS Insight*, n° 601, 4 set. 2014. Disponível em: <http://migre.me/q4PEa>. Acesso em: 29 ago. 2017.

KOSCHADE, Stuart. "A Social Network Analysis of Jemaah Islamiyah: The Applications to Counterterrorism and Intelligence." *Studies in Conflict & Terrorism*, vol. 29, Carseldine: Routledge. 2006.

LAQUEUR, Walter. "The futility of Terrorism." *Harper's Magazine*, mar. 1976.

LASMAR, Jorge Mascarenhas. "A legislação brasileira de combate e prevenção do terrorismo quatorze anos após 11 de Setembro: limites, falhas e reflexões para o futuro." *Revista de Sociologia e Política*, v. 23, n. 53, p. 47-70, mar. 2015. Disponível em: <http://revistas.ufpr.br/rsp/article/view/40236>. Acesso em: 17 set. 2017.

LASMAR, Jorge Mascarenhas; SINGH, Rashmi. "Terrorismo Contemporâneo." In: TEIXEIRA, Rodrigo Corrêa; RAMOS, Leonardo César Souza (Orgs.). *Conflitos do Século 21*. Belo Horizonte: Fino Traço, 2017.

LLOBET ANGLÍ, Mariona. In: CALLEGARI, André Luís et al. *O crime de Terrorismo: Reflexões críticas e comentários à Lei de Terrorismo: de acordo com a Lei n° 3.260/2016*. Porto Alegre: Livraria do Advogado Editora, 2016.

LUISI, Luiz. *Os princípios constitucionais Penais*. 2. ed. Porto Alegre: Sergio Antonio Fabris Editor, 2003.

MANNES, Aaron. *Profiles in terror: A Guide to Middle East Terrorist Organizations*. Lanham: Rowman & Littlefield Publisher, 2004.

MARTINELLE, João Paulo Orsini; SCHMITT DE BEM, Leonardo. *Os Atos Preparatórios na nova lei antiterrorismo*. ESDPD, 03/11/2016. Disponível em: <http://esdp.net.br/os-atos-preparatorios-na-nova-lei-antiterrorismo/>. Acesso em: 11 set. 2017

MASFERRER, Aniceto. *Estado de derecho y derechos fundamentales en la lucha contra el terrorismo una aproximación multidisciplinar (histórica, jurídico-comparada, filosófica y económica)*. Pamplona: Thomson Reuters, 2011.

MATOS, Hermínio Joaquim de. "A Chegada do Califado Universal à Europa." In CORREIA, Eduardo P. (coord.). *Liberdade e Segurança*. Lisboa: ISCPSI-ICPOL e OP, 2015.

MATOS, Hermínio Joaquim de. "Contraterrorismo e contrarradicalização: mitigar ou exacerbar da violência?" In *JANUS 2014, Anuário de Relações Exteriores, UAL*, 16 (Junho). Disponível em: <http://janusonline.pt/images/anuario2014/3.26_HerminioMatos_Contraterrorismo.pdf>. Acesso em: 31 jul. 2017.

MATOS, Hermínio Joaquim de. "Contraterrorismo Ofensivo. O 'targeted killing' naeliminação de alvos terroristas: o caso dos EUA e de Israel." In *JANUS.NET e-journal of International Relations*, vol. 3, n° 2, outono 2012. Disponível em: <http://observare.ual.pt/janus.net/pt/component/content/article/66-portugues-pt/v-3-n-2-2012--outono/artigos/194-pt-pt_vol3_n2_art7>. Acesso em: 31 ago. 2017.

MATOS, Hermínio Joaquim de. *"Contraterrorismo: o Papel da Intelligence na acção preventiva e ofensiva."* VII Congresso Nacional de Sociologia. Universidade do Porto, 21 junho 2012.

MATOS, HermínioJoaquim de. "E Depois de Bin Laden? Implicações Estratégicas no Fenômeno Terrorista Internacional. Uma reflexão." *Politeia*, ano VIII. Lisboa: ISCPSI, 2011.

MATOS, Hermínio Joaquim de. *Terrorismo & Contraterrorismo: Sistemas de Segurança Interna*. Casal de Cambra: Caleidoscópio, 2016.

MCCANTS, William. *The ISIS Apocalypse: the history, strategy, and doomsday vision of the Islamic State*. New York: Picador, 2016.

MELIÁ, Manuel Cancio. *Los Delitos de Terrorismo: Estructura Típica e Injusto*. Madrid: Reus, 2010.

MELOY, J. Reid; YAKELEY, Jessica. "The Violent True Believer as a 'Lone Wolf' – Psychoanalytic Perspectives on Terrorism." *Behavioral Sciences and the Law* 32: p. 347-365, 02 abr. 2014.

MENESES, Romero Luciano Lucena. *Manual de planejamento e gestão da investigação policial*. Olinda: Livro Rápido, 2012.

MONTEIRO, Antônio Lopes. *Crimes hediondos – Textos, comentários e aspectos polêmicos de acordo com a lei nº 9.269/96*. 4. ed. at. São Paulo: Saraiva, 1996.

MORAIS, Márcio Santiago de. "Aspectos do combate ao terrorismo: prevenção e repressão legal no exterior e no Brasil." *Revista Direito Militar*, Florianópolis, v. 6, n. 34, mar./abr. 2002.

MOREIRA, Adriano. Prefácio. In MOREIRA, Adriano (coord.). *Terrorismo*. 2. ed. Coimbra: Almedina, 2004.

NAPOLEONI, Loretta. *A Fênix Islamista: o Estado Islâmico e a reconfiguração do Oriente Médio*. Tradução Milton Chaves de Almeida. 2. ed. Rio de Janeiro: Bertrand Brasil, 2015.

NEWNHAM, Jack; BELL, Peter. "Social Network Media and Political Activism: a Growing Challenge for Law Enforcement." *Journal of Policing, Intelligence and Counter Terrorism*, vol. 7, nº 1, abr. 2012.

NINIO, Marcelo. "Elo de matador de Orlando com Estado Islâmico é vago, afirma FBI." Disponível em: <http://www1.folha.uol.com.br/mundo/2016/06/1781404-elo-de-matador-de-orlando-com-estado-islamico-e-vago-afirma-fbi.shtml>.

NUCCI, Guilherme de Souza. *Leis penais e processuais penais comentadas*. Vol. 1. 10. ed. São Paulo: Forense, 2017.

NUCCI, Guilherme de Souza. *Organização Criminosa – Comentários à Lei 12.850, de 02 de agosto de 2013*. 1.ed. São Paulo: Revista dos Tribunais, 2013.

NYE JÚNIOR, Joseph S. *O futuro do poder*. São Paulo: Benvirá, 2012.

OLIVEIRA, Ruy Barbosa de, apud SOUZA, Augusto Barbosa. *A evolução do direito*. São Paulo: Linear, 2005.

PIOVESAN, Flávia. Comentários ao art. 4°, VIII. In: CANOTILHO, J. J. Gomes; MENDES, Gilmar Ferreira; SARLET, Ingo Wolfgang; STRECK, Lenio Luiz (coords.). *Comentários à Constituição do Brasil*. São Paulo: Saraiva/Almedina, 2013.

PORTELA, Irene. "A segurança interna e o combate ao terrorismo: o caso português." *Revista Enfoques: Ciencia Política y Administración Pública*. Disponível em: <http://www.redalyc.org/articulo.oa?id=96011647016>. Acesso em: 29 ago. 2017

RAPOPORT, David C. *The Four Waves of Modern Terrorism*. Washington: Georgetown University Press, 2004.

REALE, Miguel. *Lições Preliminares de Direito*. 25ª. ed. São Paulo: Saraiva, 2001.

RICHARDSON, Louise. "The roots of terrorism: an overview." In: RICHARDSON, Louise. *The roots of terrorism*. New York: Routledge, 2006.

RICHARDSON, Louise. *What terrorists want: understanding the enemy, containing the threat*. New York: Random House, 2006.

ROY, Olivier. *Who are the new Jihadis?* 13 abr. 2017. Disponível em: <https://www.theguardian.com/news/2017/apr/13/who-are-the-new-jihadis>. Acesso em: 19 ago. 2017.

SÁ GOMES, Catarina; SALGADO, João. *Terrorismo, a Legitimidade de um Passado Esquecido*. Lisboa: AAFDL, 2005.

SAGEMAN, Marc. Leaderless Jihad. *Terror Networks in Twenty-First Century*. Philadelphia: University of Pennsylvania Press, 2008.

SÁNCHEZ, Jesús María Silva. *Aproximación al derecho penal*. Buenos Aires: B de F, 2010.

SAPORI, Luís Flávio. *Segurança Pública no Brasil: Desafios e perspectivas*. Rio de Janeiro: Editora FGV, 2007.

SARLET, Ingo Wolfgang. *A eficácia dos direitos fundamentais*. 7. ed. Porto Alegre: Livraria do Advogado, 2007.

SARLET, Ingo Wolfgang. "Constituição e Proporcionalidade: o direito penal e os direitos fundamentais entre proibição de excesso e de insuficiência." In: *Revista de Estudos Criminais* n° 12, ano 3. Sapucaia do Sul: Notadez, 2003.

SCHMID, Alex. "Terrorism – The Definitional Problem." *Case Western Reserve Journal of International Law*, 36, 2004, p. 395. Disponível em: <:http://scholarlycommons.law.case.edu/jil/vol36/iss2/8>. Acesso em: 02 set. 2017.

SCHMIDT, Andrei Zenkner. *O princípio da legalidade penal no Estado Democrático de Direito*. Porto Alegre: Livraria do Advogado, 2001.

SEKULOW, Jay; SEKULOW, Jordan; ASH, Robert W; FRENCH, David. *Rise of ISIS: a threat we can't ignore*. New York: Howard Books, 2014.

SELEZNEV, I. A. *Guerra e Luta Ideológica – Concepções Soviéticas sobre a Guerra Psicológica*. Trad. Pantaleão Soares de Barros. Brasília, DF: Sistema Nacional de Informações, 1979.

SELIM, George. *Approaches for Countering Violent Extremism at Home and Abroad*. ANNALS, AAPSS, 668, Nov. 2016.

SILVA, Lígia Gonçalves. *O Processo de Recrutamento em Organizações Terroristas*. Dissertação de Mestrado em Psicologia das Organizações e do Trabalho. Universidade de Coimbra. Faculdade de Psicologia e de Ciências da Educação, 2012. Disponível em: <https://estudogeral.sib.uc.pt/jspui/bitstream/10316/23432/1/Dissert_mestrado_2012_L%C3%ADgia_concluido.pdf>. Acesso em: 16 set. 2017.

SOUZA, Augusto Barbosa. *A evolução do direito*. São Paulo: Linear, 2005.

SPECKHARD, Anne; SHAJKOVCI, Ardian; YAYLA, Ahmet S. "Defeating ISIS on the Battle Ground as well as in the Online Battle Space: Considerations of the 'New Normal' and Available Online Weapons in the Struggle Ahead." *Journal of Strategic Security* 9, n°4, 2016. Disponível em: <http://scholarcommons.usf.edu/jss/vol9/iss4/2>. Acesso em: 29 ago. 2017.

STERN, Jessica; BERGER, J. M. *Estado Islâmico, Estado de Terror*. Rio Tinto: Vogais, 2015.

STEVENSON, Jonathan. "Pragmatic Counter-terrorism." *Survival*, vol. 43, n°4, p. 35-48, 2001. Disponível em: <http://www.tandfonline.com/doi/abs/10.1080/00396330112331343115>. Acesso em: 22 set. 2017.

STOCHERO, Tahiane. *Sequestrador tentou jogar avião no Planalto 13 anos antes do 11/9*. Globo.com, 06/09/2011. Disponível em: <http://g1.globo.

com/11-de-setembro/noticia/2011/09/sequestrador-tentou-
-jogar-aviao-no-planalto-13-anos-antes-do-119.html>. Acesso em:
02 out. 2017.

STRECK, Lenio Luiz. *Bem jurídico e Constituição: da proibição de excesso (übermassverbot) à proibição de proteção deficiente (untermassverbot) ou de como não há blindagem contra normas penais inconstitucionais.* Disponível em: <http://livepublish.iob.com.br/ntzajuris/lpext.dll/infobase/1b5ae/1b601/1bb53?fn=document-frame.htm&f=templates&2.0>. Acesso em: 25 ago. 2017.

TANGERINO, Davi de Paiva Costa; D'AVILA, Fábio Roberto; CARVALHO, Salo de. "O direito penal na 'luta contra o terrorismo': Delineamentos teóricos a partir da criminalização dos movimentos sociais – o caso do Movimento dos Trabalhadores Rurais Sem-Terra." *Revista Eletrônica da Faculdade de Direito.* Programa de Pós-Graduação em Ciências Criminais da Pontifícia Universidade Católica do Rio Grande do Sul – PUCRS. Porto Alegre, vol. 4 – n. 1, p. 1-21 – jan./jun. 2012.

THE ISLAMIC State of Iraq and Syria: The History of ISIS/ISIL. Cambridge, Massachusetts: Charles River Editors, 2014.

THOMPSON, Augusto F. G. "Reforma da polícia: missão impossível." *Revista Discursos Sediciosos: Crime, Direito e Sociedade.* Ano 5, nº 9 e 10. Rio de Janeiro: Freitas Bastos Editora, 2000.

TREZZI, Humberto. "Operação Hashtag: os detalhes da maior ação antiterrorismo no Brasil." *Jornal Zero Hora,* 03/11/2016. Disponível em: <http://zh.clicrbs.com.br/rs/noticias/policia/noticia/2016/11/operacao-hashtag-os-detalhes-da-maior-acao-antiterrorismo-no-
-brasil-8125492.html#showNoticia=IXlfIVNpQVA5MTI0NjQ2N-
TU5NzY4NjQxNTM2OnY3OTExNzY1MjU2NjM0NDcwMDIw
MjtUOTE1NTEzNjEyNzI1MzkyNTA2ODhTX0VNYmNQL2E-
5REspTllAdy8=>. Acesso em: 10 set. 2017.

VALENTE, Manuel Monteiro Gudes. *Direito Penal do Inimigo e o Terrorismo: O "Progresso ao Retrocesso".* São Paulo: Almedina, 2016.

VALENTE, Manuel Monteiro Guedes. *Processo Penal – Tomo I.* 3. ed. Coimbra: Almedina, 2010.

VALENTE, Manuel Monteiro Guedes. *Teoria Geral do Direito Policial.* 3. ed. Coimbra: Almedina, 2012.

VALENTE, Manuel Monteiro Guedes. *Terrorismo – Fundamento de restrição de Direitos*. In: MOREIRA, Adriano (coord.). *Terrorismo*. 2. ed. Coimbra: Almedina, 2004.

WAINBERG. Jacques A. *Mídia e Terror: comunicação e violência política*. São Paulo: Paulus, 2005.

WEIMANN, Gabriel. *Social Media's Appeal to Terrorists – Insite Blog on Terrorism and Extremism,* Oct. 3, 2014. Disponível em: <http://news.siteintelgroup.com/blog/index.php/entry/295-social-media's-appeal-to-terrorists>. Acesso em: 19 ago. 2017

WEISS, Michael; HASSAN, Hassan. *ISIS Inside the Army of Terror*. New York: Regan Arts, 2015.

WELZEL, Hans. *Derecho Penal – Parte Generale*. Trad. Fontán Balestra. Buenos Aires: Depalma, 1956.

WIKTOROWICZ, Quintan; AMANULLAH, Shahed. *How Tech Can Fight Extremism*. CNN News, Feb. 17, 2015. Disponível em: <http://edition.cnn.com/2015/02/16/opinion/wiktorowicz-tech-fighting-extremism/index.html>. Acesso em: 28 ago. 2017.

WINTER, Jana. *Al-Qaeda Looks to Make New 'Friends' – on Facebook*. Fox News, 09 Jan. 2010. Disponível em: <www.foxnews.com/tech/2010/12/09/facebook-friends-terror>. Acesso em: 28 ago. 2017.

WOLOSZYN, André Luís. *Terrorismo global:* aspectos gerais e criminais. Porto Alegre: EST Edições, 2009.

ZAFFARONI, Eugenio Raúl; PIERANGELI, José Henrique. *Manual de Direito Penal Brasileiro*. São Paulo: RT, 1997.

FONTE: Garamond

#Talentos da Literatura Brasileira
nas redes sociais

novo século®
www.gruponovoseculo.com.br